當我選擇了旅居歐洲

李懿祺

目次

推薦序

〜〜〜

　　容許在下斷章取義，為「為五斗米折腰」這句名言添上現代色彩：為了生計（五斗米），而向現實妥協（折腰）。環顧社會，甚至是自己身邊的親友，為了每月有固定的薪水，應付家庭大小支出和樓貸，繼續在自己感到沒趣的工作崗位中度日如年，年輕時的夢想早已被拋到九宵雲外了。

　　即使有人投入自己夢想的職業裡去，卻發現「理想與現實」相去甚遠。小弟有幸經營自己喜愛和投入的業務。然而當中有不少顧慮、甚至是打擊和挫折，單是應付不同大大小小的問題、刻板卻必經的程序，往往叫人不勝耐煩。更甚的是，你往往投身其中才發現，在求學時期立下的宏願，根本無法實現。

　　如本書《當我選擇了旅居歐洲》的作者，求學時期規行舉步。到了大學，為了實現「全人關懷」的理想，決心當個護士去。在實習中發現理想與現實的區別、生離死別的衝擊和體會人性的陰暗面。自以為由公立醫院轉到護養院當護士、甚至經營小生意，就可以重拾理想，可惜事與願違。一直不變的，就是熱愛旅遊的心，本來她因顧慮安於現狀，卻因禍得福，決心坐言起行，辭職出發，用雙足增廣見聞，用雙手留下生動的文字作回憶。

　　有別於旅遊天書及著重描寫沿途風景的遊記，作者擅長將景物背後的故事娓娓道來，她鉅細靡遺地闡釋各地美食的經典之處，令小弟弟體會到何謂「簡單而隆重」，甚至有「望文止餓」之感。雖然旅遊就是離不開「衣、食、住、行、玩」，作者卻帶領我們經歷一次將歷史、文化、科學、藝術、生活、飲食共冶一爐的深度之旅，當中笑中有淚，也有不少透過經歷作自我反思的片段等等。實為深度旅遊的上佳示範，故誠意向大家推薦。

傑拉德

推薦序

〰〰〰

願意搭上看不見終點的尾班車嗎？

冷暖那可休，回頭多少個秋，詩人用文字歌頌生命，旅者用腳步訴說生命。

有時候，小確幸很簡單，不用大富大貴，但求三餐溫飽，最重要是不讓自己白活一輩子，給自己一個看世界的機會，就好了。

在香港，醫護專業很吃香，也是很多人夢寐以求的崗位，進入社會後，想過著平淡的中產生活，難度不大。豈料，這個傻傻的小女生居然「離經叛道」，大學畢業後，毅然踏上追風之旅，一年多便離開這個專業領域，跳出comfort zone。

在波斯尼亞，這個小妮子從民居牆身的「千瘡百孔」，真正彈孔留下的痕跡，頓感戰爭的震撼，街頭巷戰就是這麼一回事。C'est la vie！人們安靜地走在烽火大地，青年男女笑容可掬，哪怕忘不了隆隆的炮火聲，依然開朗，任何人也會受到快樂的氛圍感染。

不是人人都可以在「上半場」，賺夠了，40歲提早退休，然後在「下半場」環遊世界，當個旅遊達人，寓工作於娛樂。她等不

了，沒賺夠便出發，前往阿爾卑斯山上的旅舍時，乘客一個個下車，最後只剩下三個人。

「這麼晚了，你還上山打算做甚麼？」查票員問。

「我會在山上住一晚啊。」她答。

「那你訂好了住宿沒有？這趟是上山的尾班車啊，下山的尾班車已經開出了。」

我們自小被教導要規劃人生，在哪一站上車，在哪一站下車，漸漸地，失去了探索世界的好奇心，失去面對未知的勇氣，害怕陌生的環境，害怕毫無頭緒的未來。誰，願意搭上看不見終點的尾班車嗎？

回程不了又如何？人生本來就是只有單程票的列車。只懂冷眼旁觀，可能悟出大道理，但不可能幹出大事業。你敢勇往直前，也未必幹出大事業，但至少給自己一個機會。

雖則我倆只是萍水相逢，但有幸為你的處女作寫序，祝願一紙風行，賣個滿堂紅，繼續用心看世界！

潘天惠
《信報》編輯

推薦序

〜〜〜〜〜

　　從中二年級認識懿。她愛好新鮮事，卻不像我們即興衝動，叫她去玩她總先深思熟慮；她說話緩慢而冷淡，但大家都喜歡這名冰山美人；很少看她在費力爭取什麼，但她總像什麼都不缺。中六年級老師在班上問：「誰將來想環遊世界？」她是舉起的兩隻手之一。

　　把這樣一個女生放到世界哪一個的角落，都不會是平淡的故事。如今誰都知她做出我們誰也沒做過的壯舉，她獨自到歐洲工作假期兩個年頭，更要出書了；大學四年級我也曾背著背包獨自歐遊，看了她的遊記，我倒像沒去過了，她一雙溫和開放的眼睛，看到是另一個世界。

　　作為一個與懿一般的理科生，看她的遊記可謂心滿意足。精彩的經歷不用說了，但看到她介紹一件新事物，我會好奇它的歷史、背景、出現的原因，而懿彷彿聽到我心聲，總在最適當的時候出現背景解說，讓腦海中懸著的空白適時填補，愈看愈過癮；而這個笨蛋居然不知道自己的本事，把稿件寄給我時說：「獻醜了，文筆不

好啊！」故事這樣好，誰理你文筆怎樣了？請您們看完書後用方法
向她證明一下，她比較相信數據。

馬苑琪
約定過老的那個朋友

自序

〜〜〜

　　有些人還沒畢業便開始嚮往工作假期（Working Holiday，或稱打工度假），有些人則認為生涯規劃不可被打亂。的確，要暫時放下事業、家人到外地從零開始並不容易。我自己也一樣，拿到簽證後足足拖延了半年，打理好一切雜務，才得以成行。終於鼓氣勇氣出發了，飛機一落地，接著便要在陌生的國度開始找住屋、找工作、認識朋友。安頓下來之後，卻又不免開始自我懷疑，擔心自己是在浪費時間，甚至擔心結束假期回香港之後工作和前途兩茫茫……。因此，工作假期並不如許多人所想像的那般美好愜意。不過，這個工作假期旅程最後是得是失，是快樂是痛苦，還真的要看自己怎樣利用這個出走的機會。

　　回首過往，我很高興自己在當時做出了這個抉擇！

　　出發前往英國時，我並沒有預期或自我設限一定要留多久，覺得反正如果哪天不再喜歡了，隨時可以拿起護照和錢包走人。結果，我在歐洲一共逗留了一年半，工作得夠努力，玩得也夠開心，這趟工作假期總算沒有交白卷。

　　旅居英國這段日子，除了開闊了眼界，也讓自己變得更獨立了。世界之大，有百十樣規矩，千萬種習俗；對與錯，從來並沒有

一定的標準，做人做事只在乎忠於自己的心意，同時亦不可傷害到別人，這個就會是當下最好的選擇。

本書並沒有打算鼓勵任何人辭職去旅行，畢竟每個人的成長背景與生活環境不盡相同，不可亦不需要比較。寫這本書，對我來說是一次學習的經驗總結，也是一次自省的歷程。

短短的一年多，發生過太多事情，彷彿經歷了三五年，甚至更長年月的成長體驗。回港之後，翻看過去無數照片的同時，也瞬間打開了回憶閘道，思緒不斷翻湧……。幾番沉涵回味，略略沉澱之後，才得以整理思緒，寫出自己的感受。其實，有很多人物和地方一直縈迴腦海，都想寫下來，都想讓這些難忘的經歷全變成白紙黑字！無奈，考慮文章結構，不想讓內容太過零散，最後集中取材自八個國家的旅程，與大家分享當中比較特別的見聞。

一期一會，指的是一生只有一次這樣的相遇的機會，看到的風景如是，碰上的人也如是；即使幸運地日後有機會重遊舊地，再遇故人，也都只是另一次的相會，以前的感覺和意義都不再一樣，所以每次的遇見都值得珍重和投入。

感謝有緣透過此書遇上您，甚願可藉由各個章節與您一起神遊物外，若能讓您藉此多少了解到歐洲各地的文化、景點，也不枉過啊。

最後，感謝潘編輯與出版社各成員給予的機會和幫忙，也感謝旅途上各位過客，以及家人朋友。

李懿祺

2018年11月

前傳——護士生涯

讀中學的時候，課堂上玩了個小遊戲：老師讓同學們在幾個職業之中選擇自己最嚮往的職業。結果，全班就只有我和另一位同舉手說想當個旅行家。想不到，那時的隨心一舉，多年後竟然會夢想成真。

青少年時期，生活環境單純，彷彿植物成長於溫室之中。那時候，學校校風純樸，同學們都努力上進，用功讀書，課餘有空做做義工，按社會的標準循規蹈矩地生活著。我原本想進大學，念物理治療。可惜，成績不夠好，未能考上理想科系，只好退而求其次，進了香港中文大學讀護理系。一年之後，獲得轉系批准，可以轉讀公共衛生。不過，最後還是放棄了機會，決心當個護士，志向是提供「全人照顧」。所謂「全人照顧」，即是對病患及其家屬提供身體、心理、社會、心靈的完整照顧，而非僅止於著眼在身體上的疾病。啊！這是多麼美麗的理想！

穿上學護的制服

然而，理想和現實是有距離的，這直到我正式到醫院實習後才深刻體會到其中的區別。此外，密集地接觸到生離死別，和複雜的人事關係，為過去成長於溫室中的我也帶來不少衝擊。

剛開始實習時，學護們會先分派到不大緊急的復康病房，以熟習最基本的日常護理程序，例如扶抱、轉身、換片、餵食喉管、檢查血壓等；空閒時間就會閱讀病患的病歷，以了解各疾病的處理。

我記得，當時病房裡躺著的大都是上了年紀者，唯獨有位須長期臥床的男病患正值壯年。他不能說話，身體不會動，眼睛可以眨動，所以每天我們都要替他定時清潔身體和轉身。他已經在這間病房住了很久，慢慢地床邊都堆滿了家人為他帶來的日用品，還放了一張相片。相片中的他穿著警察制服，抬頭挺胸，可以說得上是氣宇軒昂。原來眼前的他曾經有過光輝歲月，只是多年前一個突如其來的神經怪病使他一倒不起。我好奇他每天腦袋裡在想些甚麼，生活仍充滿希望嗎？還是生存僅是一種折磨？

幾年實習下來，有喜有悲，有血有汗，遇見過很多好人好事，亦見識過人性的陰暗面。而且，實習過的病房類別也不少，包括產房、內外科病房、急症室、手術室、精神科病房等等，跌跌碰碰之下終於快要畢業了。

某天，病房來了一個跟我年紀差不多的長髮少女。病歷顯示，她在外國讀書時有天腦神經出了問題，四肢突然軟弱無力不能控制，於是被立即送到當地醫院。可是醫院一直查不到病源，家人只好把她接回來香港醫治。值班時，我聽見病房有人按鐘求助，發

現原來是她想要個便盤小便，我便隨即協助她把便盤放好。扶抱之間，不經意看到她的深紅指甲油開始半脫落了，理應是時候把舊的洗去再塗上新的一層。霎時間，一股可惜感覺直湧心頭，我心裡無限感慨——不久前她還是個愛美麗愛打扮的青春少艾呢，而現在……

大學畢業了

畢業後，我的同學們大都選擇進入公立醫院當護士，我卻沒有跟隨，有一部分原因是覺得那裡做不到「全人照顧」。當然，現實考量，曾想過為五斗米而折腰，但看過了這麼多別人的故事之後，我實在過不了自己這一關。或許有些人會說我這樣做是「不負責任」、「任性」、「枉費父母供我讀書學習」，但我真的不想勉強自己被搓圓按扁。我怕，怕有一天睡在床上不能動彈的會是我。

這樣辜負大多數人的期望，看似有勇氣，但事實真相是：我不知道自己應該往哪裡走！所以，先當起了替假護士，然後進了大學護理系做研究。此外，也嘗試在網上和市集賣自己的手工作品，還跟朋友開了一間短期租約的精品店。最後，又進了安養院當護士。不過，這一切努力，都沒能為我帶來真正的滿足感，總覺得似乎欠缺了一點甚麼。我想，大概是因為這些工作和生活模式，欠缺了一種讓血液流動的感覺，一種能讓我每天醒來一睜開眼睛就充滿期待的感覺。

不過，有一樣事情我從大學以來就一直很喜歡做——那就是旅行！記得第一次坐飛機去旅行應該是十八九歲，目的地是自由行入門

級的台北。後來膽子大了，越飛越遙遠，越飛越頻繁。有時跟朋友一起去，有時則千山我獨行不必相送，甚至參加過大學的交流團，但都沒有衝出去過亞洲。

　　大學的畢業旅行很多同學都去了歐洲，不過我卻選擇去廣西和一小段絲綢之路。護理系課程安排緊湊，且不允許同學到異國做交換生，我只有去過兩星期的台南護理系實習團。

　　碰巧當時的工作假期計畫變得廣泛且流行，沒有在外地生活過的我當然也想嘗試一下。不過，投身社會以後一直下不了決心出發，可能是開始安於現狀了吧，也可能是隨著年齡增長而變得更容易瞻前顧後，優柔寡斷。

　　某天起床，忽然腰痛不已，接下來的一段時間都在休養。所幸，經過一連串的努力後，終於可以回復正常的生活。回望從前實習和工作階段，再看看現在自己的生活，既然時間不等人，命運也無法完全操之在我，就坐言起行吧！就這樣，立即辭去當時護士一職，完成一直以來希望體驗外地生活的願望！

　　啊，英國，我來啦！

Chapter 01
瑞士
阿爾卑斯山的驚與喜

日照金頂：艾格峰北壁

　　正式開始在倫敦找工作、找房子之前，我先在歐洲其他國家旅行了兩個月。美其名是怕在倫敦開始工作之後會沒有空餘時間往外跑，實際上是玩奇、貪玩。

　　最後一站是瑞士的阿爾卑斯山。

　　沒有太多準備之下就來到了瑞士，一門心思只想到阿爾卑斯山走走。小時候看過日本卡通片《飄零燕》（台灣譯作《小天使》或《小蓮的故事》），故事細節大都已經忘記了，卻忘不了主角小女孩海蒂跟爺爺生活其間的阿爾卑斯山景色，很羨慕他爺孫倆所過的平靜快樂、無憂無慮的日子。總之，阿爾卑斯山就是我兒時心目中的天堂。

▌因為看了《飄零燕》，阿爾卑斯山是我兒時心目中的天堂。

阿爾卑斯山上的旅舍

　　兩個月的行程太長了，不能事事提前計畫，很多時候都是前一兩天才決定好住宿，抵達後再查詢交通事宜。由於時值旅遊旺季，又太遲預訂青年旅舍，價錢合理且評分高的旅舍早已爆滿。瑞士物價實在高昂，唯有選擇最便宜的那一間旅舍，反正簡介說旅舍距離某個火車站不遠。

　　非常失策地，我沒有事先查清楚旅舍的確實位置和交通，出發途中才知道自己花了冤枉錢購買交通周遊券了，因為它並不包括前往旅舍附近的火車站。結果，又得花比房價高一倍的金額另外購買火車票。唉，早知如此，我就不該為節省床位費而胡裡胡塗訂了這家旅舍，真的是因小失大。

　　火車一路開往阿爾卑斯山山巔，天氣越來越冷，乘客一個個下車，最後整列火車只剩下三個人。

　　每個查票員經過都會問我：「這麼晚了，你還上山打算做甚麼？」

　　「我會在山上住一晚啊。」

　　「那你訂好了住宿沒有？這趟是上山的尾班車啊，下山的尾班車已經開出了。」

　　聽到這裡，我非常好奇，究竟我將會抵達一個甚麼樣的地方?!同時，亦難免有些擔心，沒有人又沒有

車，真的有這麼荒蕪嗎？現在才下午五點多呢，太陽都還沒有下山啊。究竟我的目的地在哪裡啊？今晚會順利入住到旅舍吧？手機無法上網，只好再三確定電話裡頭有旅舍的名字和相片，錢包內也有一些現金和信用卡。暫時沒有甚麼可以做了，就好好欣賞車窗外的景致吧，這裡的山巒頗雄偉的呢，偶爾還可看到遠方白茫茫的雪山。

終於到總站了。看一看火車站的牌子，原來我不經意地登上了海拔2,061米，這個地方叫小夏戴克（Keleine Scheidegg）。驚訝了幾秒鐘後回過神來，好冷啊！立刻把厚衣、外套全都穿上。霎時之間，風雲變色，天空烏雲密布，開始聽到雷聲隆隆，風勢越吹越猛，感覺狂風大暴雨即將來臨！整個人不由得開始焦慮了起來——萬一在高山遇上風暴，那真的有點危險呢！心裡想著一定得快點找到旅舍才行。

火車站附近只有幾棟建築物，但繞了幾圈也找不旅舍，店鋪和餐廳都打烊關門了。抬頭一看，難道是前面小山上的那座房屋？不是吧，起碼要走二十分鐘才到得了呢！找不到人問路，於是踅返到月台上，幸好火車司機還沒離開。失策！手機內的旅舍照片只顯示了中文譯名，大概司機看不懂中文吧？只好厚著面皮問他認不認得相片中的建築物在哪裡。他皺起眉頭一看，幸好附近的建築物不多，所以他認得！他伸手一指，噢，真的是山頂上的那座房屋。

　　這會兒，心思百轉：一則想是否應留在火車站附近，待天氣轉晴才出發，但這裡好像沒有容身之所，月台無遮無掩；二則考慮，萬一風暴持續到晚上，獨個兒在這裡會更危險。好吧，雷聲聽起來跟這裡還有些許距離，當下決定立刻上山。 即便心中感到害怕，也要控制自己把注意力集中在目標，以最快的速度爬上山，安全抵達旅舍！

　　不知道是尚未適應海拔高度驟變抑或是斜坡真的太陡，走了兩三分鐘就開始氣喘，好像還有些頭痛。沿途除了遇見兩個急匆匆下坡趕路的人之外，周圍可以說是杳無人煙。天啊，為甚麼我會出現在這裡？為甚麼我會預訂這家旅舍？雨開始越下越大，眼鏡片上都是水點，強風不停拍打著頭髮和外套，雷聲依舊隆隆不止，實在狼狽不堪。抬頭望向山頂的旅舍，幻想著裡面有溫暖的床鋪和熱騰騰的食物等待著我，鞭策著自己的雙腳要繼續跨步而行。如果我突然暈倒了會有人來救我嗎？可能路人會替我打電話讓直昇機過來載我吧？

▎阿爾卑斯山上風雨欲來

正宗芝士火鍋

　　大概是本人平日常存好心、做好事，所以冥冥之中自有神助吧，總之，最後我有驚無險地抵達了旅館。接著，外面就下起傾盆大暴雨。太好了，逃過一劫，安全抵達，沒有變成落湯雞。

　　「Check in」之後，把衣服和行李整理整理，安頓好後就到旅舍內的餐廳吃點東西。天氣寒冷，又來到瑞士阿爾卑斯山山巔，當然要試試最經典的瑞士高山菜式——芝士火鍋囉。等待上菜的時候，心裡盤算著，明天如果繼續下雨要怎樣辦——沒有任何雨具，旅舍也沒有出售，更嚴重的是無線上網一直未能連接，完全查不到資料和計畫行程。幸好，老闆娘說這裡通常是晚上下雨，日間天晴。姑且相信她的話吧，至少能稍感安慰。明天再看看要做甚麼吧，現在先好好品嚐一下芝士火鍋。

　　老闆娘把芝士火鍋送來了，放下了一鍋芝士湯底和一盤麵包粒。就這樣？沒有其他了嗎？我應該是點了價值接近三十歐的芝士火鍋啊。原來真正的芝士火鍋真的就是這樣！看來我是被香港的芝士火鍋誤導了，以為至少會配有肉類、麵食或蔬菜。真正的芝士火鍋是把一種或數種芝士直接煮融化，然後加入白酒或烈酒，品嚐時以一支迷你燒烤叉插起一顆麵包粒放進鍋中，蘸滿濃郁的芝士後就直接放進口中。要不是這鍋芝士很貴，要不是被困在旅舍當中，大概我早就放棄了這道芝士火鍋——首先，其芝士的味道濃烈得帶點異味，難以下嚥；其次，這鍋並非芝士「口味」的湯底，而是「純」芝士的液體，很易令人有飽滯感。無奈，我嘗試放下成見，想要認真欣賞一下人家的美食，只是我倆真的合不來，也就不再勉強。唉，總算嘗試過真正的芝士火鍋啦。

雨過天青

　　吃畢晚飯之後，發覺好像聽不到外面有雨聲、雷聲了，也就到外面轉轉吧。暴雨過後，雖沒有彩虹，但有柔和的陽光和灰藍色的天空。我一轉身，嘩！前面的景象美得我以為自己幻覺了，與兩個小時前的景況有著天淵之別！眼前的三座阿爾卑斯山山峰與我非常接近，我要抬高頭才可望到這幾座四千米高的巍峨雪山的山頂。

▍因混合了很多礦物質，剛從雪山融化後流下來的水會呈現奶白色。

僧侶峰與少女峰彷彿近在咫尺。

由右至左分別是有「歐洲之嶺」稱號的少女峰、僧侶峰和
艾格峰，艾格峰的左面是連綿不斷、高低起伏的阿爾卑斯
山山脈和一個綠草如茵的大山谷，整個景色實在太壯麗
了！真沒想過我原來是住在這個很著名的奇特山峰組合的
旁邊。由於已是七月，三座雪山山腳的雪已經融化了六七
成；如果早兩個月前來，應該會是白茫茫一片，更加美
麗。突然之間，雲開霧散，黃昏的陽光恰好打在雪山的
位置，雪山立刻變成了通體金黃，真的有種金碧輝煌的
感覺。加上旁邊綠油油的山谷，山谷裡又有翡翠碧湖和小
屋，我真的懷疑自己處身在夢境之中！！這裡的景致，應
該是到目前為止，我在歐洲所見諸多大自然風景之中，最
美麗的一處吧。當時，我內心真有一種幸福滿滿的感覺。

暴風雨過後，山谷之間變得異常平靜。

　　就這樣，我在美景當前自我陶醉了一個多小時，直到天黑才返回旅舍。旅舍的環境很一般，且有好多蒼蠅，但無損我的大好心情，反而很慶幸自己誤打誤撞來到了這裡。

　　第二天早上天色一般，但沒有下雨打雷已經是個好開始。下山後發現火車站附近很熱鬧，完全不是昨天死城般的模樣，更看見有餐廳用日文寫著可提供辛辣杯麵。原來小夏戴克火車站是登少女峰的必經轉運站，乃是少女峰鐵路的起點。這條有超過百年歷史的雪山鐵道會經過艾格峰和僧侶峰內的隧道，最後會抵達現時歐洲最高的車站（海拔3,454米）──少女峰山坳站。這裡終年結冰，一年四季上來都可以滑雪和玩雪橇，不過更多的人只是為了在極近

距離欣賞到高4,158米的少女峰之巔。可以輕鬆登上世界之
巔實在非常吸引人,前思後想之下,我最終選擇了留在小
夏戴克附近徒步健行,一則這裡是著名風景優美的健行路
線,二則是我完全沒有預計要登上雪山,既沒有裝備也沒
有預算。

左 ▌ 這條雪山鐵道會抵達現時歐洲最高的車站:少女峰山坳站。
右 ▌ 夏季的阿爾卑斯山綠草如茵,很適合健行。

　　阿爾卑斯山的真實風景真的如卡通片內帶給我的感覺
——壯麗但幽靜！雖然瑞士的旅遊成本非常高，但很高興
曾經在這裡待上了幾天，實現了兒時的期盼。

▌由左至右分別是艾格峰、僧侶峰和有歐洲之嶺稱號的少女峰。

Chapter 02
倫敦
新生活 · 從零開始

倫敦衛兵交接儀式

　　為甚麼選擇英國呢？因為我除了中文以外就只會英語，再者我比較喜歡富有歷史的地方。為甚麼選擇倫敦呢？大概是因為當時我對英國沒有太多認識，又沒有親朋戚友在英國接應，於是就選擇了我認為最容易安頓下來的大城市。

　　剛來到倫敦的我對各樣事情都很好奇，附近哪裡都想去，無論是市集、展覽、公園、超級市場等都興趣盎然。倫敦有很多博物館都是免費入場，正合我心意，所以空閒的時間就去逛博物館，例如大英博物館好像去了有六七次，因此曾經有人戲稱我為「博物館女孩」。

　　不過，最當務之急一定是找房子和找工作。

▌當倫敦地鐵與泰晤士河天際線相遇。

尋找倫敦安樂窩

沒想到，找房子真是個認識倫敦的好體驗。當你走進各個住宅區的房子，房仲讓你詳細參觀廚房、浴室、客飯廳等，你會了解到旅遊景點以外的倫敦。原來，在倫敦除非你真的資金充裕或已有個小家庭，大多數單身人士會選擇獨自租房或與男、女朋友租住一間房間，然後與屋友共享廚房、浴室、客飯廳等，有點像以前的老香港。

剛抵達倫敦時，我暫住在青年旅舍，然後每天在網上查看心儀的房源。由於暫時沒有收入，所以想找一些較便宜的房間，打算待找到工作以後才確定去留。

有次去看房的時候，住客尚未離開，待他稍微整理一下房間，房仲才讓我上樓查看。倫敦有種房間叫「Box Room」，即盒子房，一開始我不太了解是甚麼意思。誰知，一推開房門，直接就是單人床，一個大行李箱和一個小櫃子就已把床邊的走道填滿，床尾是層層疊起的衣服，然後就再沒有空間了。沒想過在這裡也有另類劏房，看來倫敦也是個生活逼人的地方。雖然我自我評價為一個頗捱得了苦的人，可是老遠從香港來，就是想過一下所謂的歐洲寫意生活啊！看看銀行戶頭還有點積蓄，繼續住在青年旅舍多一陣子吧，希望會找到合適的房子和工作。

　　就這樣，我在倫敦一共搬了三次屋，住過四間房子。一開始是住在市中心，然後越搬越遠，最後住在倫敦西北面邊緣位置。倒不是租金的問題，而是在市中心待久了就會開始厭倦鬧市的喧鬧，漸漸地希望生活可以更寧靜一點，所以就搬到倫敦邊緣去。

　　選擇工作假期的人，各自懷抱著不同的目標和想法，有些人想要找份可以轉工作簽證的工作以居留下來，有些人只是打算過來放放假，有些人則是與男、女朋友一起過來體驗生活，有的銳意過來發展事業。而我呢？我是過來體驗外地生活和旅遊的。不知是潛意識作用還是命運驅使，找到的幾份工作其上班時間都較有彈性，只要事前申請及與同事協調好就可以出發去旅遊，一兩星期完全不是問題。因此，我的旅遊次數很頻密，大大小小的歐洲國家都有機會去到。最後算算手指，去過的歐洲國家有三十個，好像旅遊的時間比工作的日子還要多，名副其實是工作假期。

左┃到花市買了幾盤鮮花，為房間帶來生氣與香氣。
右┃某次租住的公寓大廈有個非常美麗的後園。

我的空白履歷表

　　倫敦的房租和交通費很高，旅遊又會花費不少，所以要努力工作才可以達到收支平衡，自給自足。在我認識的朋友當中，有的在名牌衣飾店當銷售，有的在劇場帶位，有的即當翻譯或做程式設計，亦有在中醫診所做助理的。由於想擺脫從前醫護的工作環境，所以我的履歷表就像白紙一張，從頭來過，甚麼工也可以做，同時甚麼工作都沒有經驗。

左 ▌ 每年春天倫敦有多個地方可以賞櫻。
右 ▌ 沒時間到南法？沒問題，倫敦近郊也有薰衣草田的啊！

　　怎樣找工作的呢？很多人初來乍到，人生地不熟，會帶著一大疊的履歷表走上街，看見有心儀的商店、餐廳就會上前遞上履歷表。聽起有點漁翁撒網的味道，但聽聞過許多成功的例子。

　　大概是過了一個多月左右，我在獵頭公司介紹之下找到了在倫敦的第一份工作——替一家日本食品製造商到倫敦不同的超級市場做日式餃子推廣，亦即當個一田或吉之島的「試吃阿姨」。每次做推廣都是兩人一組，其中一人會拉個行李箱帶上電鍋、鍋剷等裝備，在超市會合夥伴一起開工。而我的夥伴都是來自亞洲不同地方的年輕女子，所以合作起來都很輕鬆，溝通也沒有甚麼大問題。原來這個牌子的餃子有為日本各大連鎖餐廳供貨，我們熟悉的家樂牌及淘大食品都屬於這間公司的。正因如此，我在這份工作學懂了百試百成功的正宗日式煎餃大法，讓過來試吃的顧客都食指大動！這裡的試吃推廣都很慷慨，絕不會把一隻餃子剪開數份，反而我們會鼓勵顧客要多試幾隻，嚐遍不同口味。由於不需要追銷售額，所以客人吃得開心，我和夥伴也煮得開心。當然，我的部分快樂是來自每次開工也可以吃到無限量的美味日式煎餃！

　　後來我還做過其他幾份工作，包括問卷資料的統計處理和咖啡店後勤辦公室。總括而言，在華人公司工作與同事上相處較融洽，不過雇員福利則一般；洋人公司即會嚴格執行雇員的福利和權利，例如規定須定時離開崗位去放小休，但反過來會要求雇員工作盡責。

　　最大的收穫來自最後一份工作——在咖啡店後勤辦公室裡處理各種事務，例如要與不同的食材公司、市場推廣公司以電郵及電話聯絡，有時又要處理店鋪各樣故障及維修問題，過程中會接觸到倫敦不同領域的人士，認識到各樣問題的處理方法和程序。最重要的是讓我明白到每個人在説外語不要介懷自己是否有獨特口音，只要雙方可以順利溝通就已經達到語言在溝通交流上的價值，何須妄自菲薄或對他人吹毛求疵呢？且尊重自己的口音亦代表了對個人出生地或成長地的認同。如果不幸被人家取笑，請不要覺得羞愧，因為錯不在你，不懂尊重他人的人才應該覺得羞慚；在口語溝通上如此，在種族歧視問題上亦要如此。簡單來説，就是要對自己有信心！

前往大笨鐘的路上。

Chapter 03
英國
幾個我很喜歡的英國地方

有些人說布萊頓是「海邊的倫敦」，悠閒與繁華並重。

▌格林威治皇家海軍學院是不少電視劇及電影的取景場地。

　　倫敦有兩個地方我頗為喜歡，有空就會過去閒逛，它們分別是格林威治（Greenwich）和肖迪奇（Shoreditch）。

輕鬆橫距南北半球

　　格林威治離市中心有點遠，所以一去我就會待上大半天，這裡既帶有小鎮悠閒舒適的感覺，又有市中心繁華的一面。格林威治有不少值得參觀的地方，由歷史、文化、科學到大自然題材都有，春季時更是個賞櫻勝地呢！格林威治位於倫敦有名的泰晤士河的南岸，因此這裡有不少關於海事的建築，最多人參觀的就是現在世界上最古老的帆船「卡蒂薩克號」（Cutty Sark）。帆船建於1869年，見證了英國輝煌的船運歷史，曾負責中國及英國間的茶葉貿易，如今停泊在格林威治港，讓大眾登船參觀這條當年最好最高速的商船。附近還有個皇家海軍學院（Old Royal Naval College）亦值得一遊，學院的建築都甚為宏偉且保養得很好，因此是不少電視劇及電影的取景場地，例如《福爾摩斯》及《孤星淚》等。

格林威治的海事博物館展示了英國過去輝煌的航海史。

格林威治的海事博物館展示了英國過去輝煌的航海史。

大多數人都喜歡中午到格
林威治市集品嚐世界各地的小
食，但我個人喜歡附近的一間家
庭式經營百年老店，Goddards at
Greeniwch。老店自家製的傳統
英式餡餅及薯泥好吃又便宜，而
且店內環境懷舊，猶如置身幾
百多前的倫敦。如果是海事愛好
者可以接著前往國家航海博物館
（National Maritime Museum），
展品非常多，難怪是全世界最
大的海事博物館。可惜我不是
海事愛好者，一連串的航海知
識讓我有點吃不消，所以就向
山上走，中途會經過一大片櫻
花樹林，最後就來到格林威治
皇家天文台（Royal Observatory
Greenwich）。天文台最熱鬧的
地方並不是天文台內的博物館，
而是館外的一條線！這條線就是
本初子午線，很多人都特意來在
這世界的經線起點拍照，打開雙
腳站在線上就可以一人同時橫距
南北半球，厲害吧？

我的紅磚巷必吃小食：牛肉百吉圈。

倫敦不只有歷史古蹟

　　另一個地方我喜歡的地方肖迪奇（Shoreditch）則是我曾經居住過的地區。這區年輕人特別多，所以到處都充滿活力，到處都有頗具特色的塗鴉。有很多從事藝術、設計、音樂等創意行業的人都住在這區，所以在街上逛的時候會發覺路人穿的衣服都特別「潮」。這裡大街小巷都開滿獨立品牌的咖啡廳、酒吧、精品店、服飾店等等，每個星期六日還會有週末花市、小型市集、許多街頭表演者等，總之周圍都是好玩好逛的地方，每次逛街都會為我帶來驚喜。

　　當中最大型的市集在紅磚巷（Brick Lane），那裡有我的最愛小吃——牛肉百吉圈（Beef Beigel），如果大家有機會去到記得不可錯過！外脆而內有嚼勁的百吉圈夾著熱呼呼的厚切鹹牛肉，配上少許黃芥末，一口咬下去可以吃到不同的層次，而且牛

▎紅磚巷附近的隨拍。

▎紅磚巷的街頭塗鴉。

肉鹹度剛剛好之餘又鬆軟多汁，令人回味無窮，食指大動。記得要在招牌是白色底店鋪「Beigel Bake」買，不要去錯旁邊黃色招牌那一間啊。有好些都是以塗鴉為主題會帶客人來到紅磚巷，皆因這裡隨處都可看見街頭塗鴉，有些塗鴉真的美得像幅藝術品，有些則色彩豔麗而張揚大膽，但最吸引我的是那種突破傳統規限、勇於表達對社會及生命看法的塗鴉。所以，在這邊逛街一定不會悶。因為悶的時候有美食，想逛的時候有手作店、古著店，逛累的時候又可以搜尋一下街頭巷尾有沒有特別的塗鴉，輕鬆輕鬆又消磨了大半天。

一直走到天涯海角

如果讓我有機會再去一次英國工作假期，很可能我會選布萊頓（Brighton）作為落腳點。有些人叫布萊頓做「海邊的倫敦」，因為它距離倫敦不遠，就只有一個半小時的火車車程，既繁華又有海邊城市的悠閒，是不少倫敦人周末度假的目的地。

布萊頓在某些方面好像要比倫敦更前衛一點，例如這裡有全英國最大同性戀社區、沙灘的某一頭被劃作天體區等，不知道是否跟布萊頓曾經是反抗習俗的嬉皮士的聚居地有關。這裡的橫街小巷有不少古著店、創意雜貨店、黑膠唱片店等，如果喜歡懷舊文化的話一定會逛得很開心。

　　到了布萊頓火車站後，一出站就一條大直路通往沙灘。沙灘建有一個非常大型的碼頭，已有百多年的歷史。長長的碼頭延伸出去首先是一列的小吃店，走到盡頭是個大型海上樂園的入口，由合家歡的旋轉木馬到刺激的過山車也可在這樂園內找到。沙灘的另一邊對出有個屹立在海中央的巨型建築物支架，看起來非常殘破，而旁邊又沒有連接著甚麼，那個是怎麼來的呢？後來我才知道這裡原本有另一個碼頭，碼頭盡處建有一庭華麗的宮廷式建築物，有天不幸遭遇祝融之災，之後建築物被燒得一乾二淨，只剩下鋼筋，然後又一場大風暴把碼頭通道沖散，最後就有了今天奇怪的景點。另一個有趣的建築物是市中心的英皇閣（Royal Pavilion）。當年的威爾斯親王因為要用海水來進行物理治療，幫助舒緩痛風，所以經常過來布萊頓短住。由於他很喜歡東方藝術及接待朋友，於是又讓人興建了一座外觀有點像泰姬陵的印度風華麗宮殿，而內裡即配以中國裝潢及擺設，所以此宮殿無論是當時或現在都是極富特色的。

　　不過，最吸引我的是布萊頓與伊斯特本之間的斷崖海岸線。這邊健行路線有很多選擇，出發前在網上查了很好一陣子，最後決定在布萊頓坐上巴士往東部城市伊斯特本，下車後從比奇角（Beachy Head）一直沿崖邊步行三至四公里到七姐妹巖（Seven Sisters）。本來只打算走到七姐妹巖，一查路線卻發現了比奇角這個地方。因為我喜歡的卡通人物海綿寶寶是住在海底的「比奇堡」，所以立刻對比奇角產生好感而決定到實地一看。

美麗的比奇角是健行路線的起點。

　　坐了一個多小時的巴士後終於到達伊斯特本，立刻走向崖邊尋找比奇角。好美啊！比奇角原來是個十分漂亮的地方！要走到崖邊才可以清晰欣賞到比奇角的壯麗。翠綠的嫩草鋪滿小山，一直長到崖邊就瞬間消失，變成一座高聳又筆直的白色懸崖直插到海水去。一望無際的藍天碧海，五顏六色的滑翔傘，配上白澄澄的懸崖峭壁，讓人有脫離了俗世的感覺。原來比奇角的英文名字Beachy Head跟沙灘（Beach）毫無關聯，事實上是來自法文beau chef，意思是「美麗的海角」。心情立刻因眼前的美景而雀躍起來，感覺自己像是站在天涯海角遠眺著世界的盡頭。比奇角高一百六十二米，是英國最高的海邊石灰岩懸崖，所以當我踏在比奇角之上的時候根本一點也不敢走近崖邊查看崖底的碎石和海水，實在太恐怖了！崖邊可是完全沒有圍欄的啊，真的很怕會一不小心滑倒，然後就真的是脫離俗世了。

　　健行路線不短，要把握時間繼續前進！沿岸的斷崖高低起伏，一直都在上坡下坡，有些斜度還很高的呢，走起來毫不輕鬆。可喜的是沿途的景色實在十分壯麗，而且天氣晴朗，石灰白岩在陽光的照耀下非常「出色」，與蔚藍色的大海和綠油油的草地互相襯托，形成一幅幅美麗的圖畫，一直鼓勵著我繼續前進。終於走到比爾林峽（Birling Gap）了，這裡可以清楚觀察到七姐妹巖的全景。第一次看到「七姐

妹巖」時還以為是甚麼關於鬼魅的地方，原來是指七座相連的白堊斷崖綿延起伏數公里而形成的斷崖海岸線，所以被稱為「七姐妹巖」。沿鐵梯向下爬就可以到達崖底的碎石海灘，再慢慢向七姐妹巖走，以近距離欣賞白堊斷崖。走著走著就到了第一個姐妹的海灘，有不少人在曬日光浴，崖上建有遊客中心和餐廳，甚為熱鬧，耳邊響起此起彼落的嬉鬧聲。

　　還是比爾林峽和比奇角的寧靜環境比較適合我，於是在餐廳隨便買了點吃的就走到站頭等候回程巴士。剛開始等的時候巴士站只得兩個人，一直等到後來聚集了四五十人，一直等到大多數人都累得要坐在地上休息，巴士還是沒有來。已經一個小時了，如按照時刻表的話巴士早已來了。大家開始議論紛紛，有人嘗試聯絡巴士公司，有人查看附近有否其他巴士站。最近的巴士站要步行約一個小時才到，我雙腿真的太累了，而且擔心那邊的巴士也脫班，心想還是賭一次多等一會兒。時間一分一秒地過去，快要兩小時了，我今晚要睡在這裡嗎？要走路回布萊頓嗎？一輛「隨上隨下」的開篷觀光巴士停站，心裡已打算即使車票要三十英鎊一張我也會買，只要可以載我回市區就可以了。我們一批人上了車後司機就開車了，不用買票嗎？原來首先登車的人向司機解釋過我們的苦況，所以司機免費載我們呢！坐在開篷的上層開篷吹著涼風，穿過一片片的綠林原野，心中頓時覺得世間

有情！不過即使世上有免費的午餐也不會豐富，原來
司機只載我們到附近小鎮的巴士站……畢竟他們免費
載我們是出於道義，總不能過分影響其他乘客。幸好
不久後就等到開往布萊頓的巴士了，雖然只有站位，
但不打緊，可以平安回到家就好了。至於剛剛沒有跟
我們登上觀光巴士坐便車的朋友們最後結果如何呢？
祝君安好。

▋沿著崖邊一直走會到達七姐妹巖。

七座相連的白堊斷崖綿延起伏數公里，形成壯麗的斷崖海岸線。

Chapter 04
南法
沒有薰衣草的普羅旺斯

嘉德水道橋是二千多年前建成的偉大水利工程

　　曾經在巴黎旅遊過幾天，但我並不喜歡這個城市，也令我對法國旅遊提不起興趣。後來在倫敦那裡看過了薰衣草田，覺得不夠漂亮，因此就產生了到南法尋找更大更美麗的薰衣草田的想法，造就了一次南法普羅旺斯之旅。

　　這次的南法旅遊會到好幾個地方，第一站定在尼姆。尼姆最廣為人知的是羅馬競技場和附近郊區的嘉德水道橋，其實古城內還有不少華麗的古蹟，皆因這個城市在古羅馬時代是十分繁華富裕的。尼姆的圓形競技場是數一數二保存得最為完善的競技場，不過既然已參觀過位於羅馬的最壯觀的羅馬競技場，那就沒有必要進去了。在古城逛了幾個古蹟又嚐過了法式蛋塔，看看手錶，差不多是時候出發去嘉德水道橋了。

　　在南法旅行最方便的當然是自駕，萬一不會開車或是獨自旅遊，巴士也是可行的。這裡的巴士網絡覆蓋率很高，可以去到大部分小鎮和郊區，只是班次較疏落，事前要先查好時刻表。提早了二三十分鐘到達巴士站附近，但繞了許多個圈找不到相應的巴士站牌，於是上前向超市職員查問。他眉頭一皺，不發一語就走開了。法國人真的是這麼冷漠嗎？不想花時間想太多，立刻轉移目標向兩位站在超市門外的少女請求幫忙。她們不會講英語，但非常有耐性，一輪比手畫腳肢體語言溝通後，終於明白了我的問題，但她們也不知道正確的巴士站在哪兒，於是幫我向超市職員查詢；順利地得到答案後就主動拉著我的手，領我走

到巴士站頭，可是我們都找不到我需要乘坐的車號，
問了好幾個在候車的老人家也沒有答案。我看看手
錶，示意她們我想坐的巴士在五分鐘後就會開出，下
一班要再等兩個小時。她們聽後神情大驚，二話不
說，一手拉著我狂奔至火車站內的櫃台查詢，得到回
覆後我們仨就一起在火車站的人群中左穿右插，狂奔
回到巴士站。終於找到正確的車站位置了！巴士已經
在上客了，大家都跑得上氣不接下氣，她們都為著我
能及時趕上這班車而十分高興。輕輕揮手道別後，我
便立刻跳上車繼續我的行程。除了傲慢冷漠外，法國
人在我心中多了另一個極端印象——非常熱心助人。

令人佩服的古羅馬工程

　　話說在西元45年，尼姆屬於當時羅馬帝國的領
土。為了提供充足的水量給市內龐大的民居、浴場、
餐廳及噴泉等，羅馬人四出尋找外來合適的水源。最
後在城市於澤（Uzes）找到泉源後就開展了長達五十
公里的引水工程，計畫建造水管、隧道和水道橋等
等。工程當中最龐大的建築計畫就是要在嘉德河岸上
建造一條能跨越闊二百七十米的河床的水道橋。眼前
的嘉德水道橋就是當時偉大的傑作。水道橋共有三
層，最頂一層是引水道，中層是行人道和車道，而最
底層則有六個大拱頂，以抵擋洪水和做支撐之用。水
道橋橫跨了整個河床，且約有十六層樓高，但建造時

卻神奇地沒有用到黏合材料，因為所用石灰岩都在精
密計算下切割再組合，依靠阻力使石塊完美地扣在一
起。站在中層的步道，吹著涼風，看著嘉德河岸上的
獨木舟，遠眺石灘上享受日光浴的人群，回過神來意
識到自己身在二千多年前建成的偉大工程之中，心裡
忍不住讚嘆當時羅馬人對科學及力學之完美掌握，使
這座水道橋歷經二千多年仍能矗立在山河之中，他們
在建築上的智慧實在令人佩服！

我最喜歡的南法小鎮

　　向著法國南面繼續行程，來到了較為近海的亞爾
（Arles）。可能是因為畫家梵谷的故事吧，亞爾是我
到過所有的南法小鎮之中最喜歡的一個。出發前特意
看了很多梵谷的資料，包括他的生平、畫作和最具爭
議性的割耳事件，以致在走訪亞爾時，總覺得這座城
市帶點神祕又瘋狂的文藝色彩。

　　1888年，梵谷離開了巴黎，來到充滿陽光和生命
力的亞爾生活，創作了一幅幅精彩的曠世畫作。梵谷
來到了亞爾大半年後，邀請了同為畫家的高更同住，
後來二人交惡，某天晚上梵谷揮刀自割左耳，一年多
之後以手槍自殺身亡。在這座城市裡，梵谷的足跡可
謂無處不在。追尋梵谷足跡，欣賞梵谷畫筆下的實
景，成為了這次走訪亞爾的主線。亞爾觀光局特意在
十二幅畫作的真實場景前豎立了梵谷相應的畫作和簡

亞爾的仲夏夜之夢。

▌亞爾觀光局在多幅梵谷畫作的真實場景前豎立了相應的畫作圖像和解說，讓遊人可以即時
　對照。

單解說，讓遊人可以即時對照，遙想百多年前梵谷下筆作畫時的氛
圍。梵谷咖啡館特意在裝潢上模仿畫作《夜晚露天咖啡座》（*The
Café Terrace on the Place du Forum*）中的咖啡館，希望把顧客帶回當年的
時空。只是館內擠滿太多慕名而來的顧客，縱使外在裝潢可以複
製，但那份清靜恐怕只能在畫作中尋找了。梵谷割下自己的耳朵
後，曾住進亞爾勒醫院治療精神病，在住院期間創造了不少作品。
這所醫院現已改為文化中心，且花園跟醫院的外牆都刻意保留了當
時的模樣並開放給遊人參觀。

　　在亞爾除了可以尋找到很多梵谷的足跡外，還有不少羅馬的古蹟值得認識，例如羅馬競技場。亞爾的羅馬競技場保存得非常完整，高兩層，是法國最大的競技場。夏季的時候還會有鬥牛表演，可買票進內觀看，亦可攀上最高的樓層觀看亞爾城市全景。最令我著迷的是競技場外的夜景，既安靜又浪漫，彷彿置身在仲夏夜之夢裡，疑幻似真。亞爾位於法國普羅旺斯地區，因為日照強烈和整體環境較高溫，普羅旺斯種植的香草在氣味和藥用價值上都比較出眾。普羅旺斯香草指的是一種混合香草，多由三至四種香草混合而成，以百里香和迷迭香為常見成員，但每家店鋪都有自己的獨特配方比例。買一瓶香草回去閒時拿來做烤雞，不過這次帶來的背包空間不多，就此作罷。行程並不趕急，走累了就坐下來喝杯咖啡，在路邊享受一下太陽傘下的護蔭。

沒有薰衣草的普羅旺斯

　　說過來南法是要看薰衣草，不過其實從沒定好要去看哪個薰衣草田，那就先到了亞維儂（Avignon）才決定，因為多條前往各個小鎮的巴士路線都在這裡開出。不來真的不知道，亞維儂原來跟尼姆和亞爾真的差很遠啊。亞維儂繁華得多了，商店、餐廳林立，到處都是遊客，是個頗大的城市，也是中世紀時天主教教廷的所在地。這裡最多人參觀的是由教宗修建的

教皇宮，是歐洲最大型且最宏偉的中世紀哥德式建築。抵達後第一時間到遊客中心，因為我還不知道明天可以到哪裡看薰衣草。一番思索過後，最後決定前往索村（Sault）。

　　既然在倫敦出發前已知道索村很多薰衣草早已成熟且被收割殆盡了，為何我還是選擇長途跋涉去索村呢？因為薰衣草之所以吸引我，不僅因為它那浪漫的紫色，而是薰衣草的藥用價值。索村位於高原地區，當地生長的都是原生種薰衣草，亦即是英國薰衣草（Lanvandula Angustifolia）。此薰衣草只生長在海拔八百米以上的

▌錯過了最佳賞花時間，索村很多薰衣草已早被收割了。

高地，但株莖卻較為稀疏，觀賞度不及
較常見的混種薰衣草（Lavandin），卻
是唯一一種有藥效的薰衣草，對失眠、
頭痛等都有幫助。

　　走到索村的半山上可清楚看到山中
一片片的薰衣草田，只是大都已完成收
割了；剩餘小部分是特意留下來，將在
幾天後的薰衣草節用作收割表演。難得
來到這裡，當然要買些索村本地生產的
薰衣草精油。由於原生種薰衣草產油量
低，因此其產品售價會較高。不過，向
來我對健康及醫療產品也有點著迷，當
然要把握機會多買一點。

　　索格島（L'Isle sur la Sorgue）是距離
亞維儂不遠的水車小鎮，可以坐巴士前
往。想不到早上九點開的巴士竟然會客
滿，有些人上不到車要等下一班呢。前
幾天坐過的巴士都未曾試過呢，索格島
有這麼受歡迎？原來碰巧是星期天，這
裡會有歐洲最大的古董市集，所以特別
多人前來尋寶。

索村本地生產的英國薰衣草
產品及精油很值得買啊！

索格島最高峰時期有多達六十六座水車，現只剩下十多部。

　　這個水車小鎮最高峰的時期多達六十六座水車，以提供足夠水力來營運棉花和絲綢廠，而現在就留有十五台水車在小鎮中心，主要做觀賞之用，有的還在繼續運作中。索格島之所以被稱為一個島，是因為它全方位三百六十度都被索格河包圍著。索格河的源頭來自附近的碧泉村（Fontaine-de-Vaucluse）的泉水，因此索格河的水長年保持在攝氏十三度；亦由於靠近源泉，所以河水清澈見底。以前的居民可以在河邊洗衣服嗎？萬萬不可！原來早在1467年，政府就禁止了在索格河洗衣服，違者會被立刻罰錢，以保持河水潔淨。沿著河岸一直走，穿梭於小鎮之中，數著數著，不知不覺間總共經過了十二座水車！累了就在河畔休息，遠遠即可清楚地看到水底的水草在隨著水流緩緩擺動。我也試著入鄉隨俗，脫掉鞋子泡個冷足浴，消消暑，真是一大享受！索格島因為被索格河包圍著，因而成為了一條漁村，及後才慢慢發展起來成為絲綢重鎮。在十九世紀時，這裡每天可出產一萬五千隻淡水龍蝦，亦即我們熟悉的小龍蝦。時至今日，有很多街道的名字依然帶有昔日漁村的味道，例如有水瀨街、鰻魚街、鱒魚街、淡水龍蝦街，聽起來十分有趣。這個水車古董小鎮乃是次南法旅遊的驚喜之一，感謝亞維儂遊客中心的推薦！

左 ▌薄荷綠色的門窗在南法炎熱的天氣下帶來一陣涼意。
右 ▌索格河上的影子自拍。

　　完成了這次南法普羅旺斯之旅，我對法國多了一點
了解和興趣，打算日後會再過來繼續尋找不同的小鎮，
發掘每個小鎮的特別故事。

Chapter 05
巴爾幹半島 （上）
馬其頓淡水海

馬其頓人以信奉東正教為主，神學家聖約翰教堂就是一座東正教教堂。

有的時候想去旅行，但又沒頭緒去哪裡好，就會看看當時有甚麼機票優惠，再從中挑選感興趣的目的地。這次看中了馬其頓的奧赫德（Ohrid），打算以此為起點，展開巴爾幹半島之旅，然後在克羅地亞的杜伯尼克（Dubrovnik）坐船到對岸的義大利南部，再去我非常期待的龐貝古城和那不勒斯。剛好有位朋友打算過來歐遊，所以這次的旅程就不再是獨行俠了。

一如既往，這次出發前沒準備太多，只訂了機票及住宿，所以下機後要在機場的詢問處查詢一下如何出市區。咦？詢問處沒有人？唯有到機場外看看有沒有指示，同機的人都好像走得七七八八了，機場外面看起來有點荒蕪，完全不知道要往哪裡走。返回機場找了一位疑似保安的叔叔，他把我們推去另一位女士那裡。大家用英文溝通不來，擾攘了很久，知道了計程車乃唯一的交通工具，她自動地替我們召喚了一部。旅費不多的我們沒有預算過要乘坐計程車，別無他選只好接受；另一方面也真沒預算到這裡會連機場巴士也沒有，好像暗示了這趟旅程的交通會有點麻煩……（後來上網有查到一星期會有兩趟機場巴士，可能是當時我們花了太多時間兌錢，所以巴士離開了？）

世界自然及文化遺產

中學生涯只有讀過兩年西方歷史的我，對很多歐洲歷史和文化真的在我踏足該國土地之後才有所認知，怪不得人家會說讀萬卷書之餘還要到走萬里路。馬其頓在1991年南斯拉夫聯邦國解體後才獨立，之後區域局勢動盪不安，還有各種經濟制裁和內戰，使得其經

奧赫德湖大得像個淡水海。

濟在2002年後才慢慢復甦，可惜馬其頓暫時仍然是歐洲最貧窮的國家之一。這就不難解釋我在機場的經歷了。

　　而我這次來到的奧赫德又是個甚麼樣的地方呢？原來是個大有來頭的旅遊度假區。奧赫德有個全歐洲最深和最古老之一的淡水湖，取名奧赫德湖（Lake Ohrid）。已有大概二三百萬年歷史的奧赫德湖面積之大和湖水之深使它成為了淡水海，亦因其獨特的地理位置，四面都被群山包圍，所以一直保留著自己的一套水中生態系統，不被外界干擾。湖內生物非常多樣化，其中更有二百種生物是這座湖所獨有的，所以奧赫德湖早就成為了世界自然遺產。而奧赫德這個城市也不弱，它的古城是個世界文化遺產，裡面保留了很多拜占庭帝國時期的建築物、藝術和文化。

青山綠水、藍天白雲。

古城民居旁的有個小型古羅馬劇場，夏天這裡會舉行音樂會。

工作人員示範如何以傳統手工方法造紙。

　　自古以來，人們往往靠山吃山，靠水吃水，所以古城也就順理成章地建在了湖邊。一貫的古城作風，一堆堆紀念品店和餐廳，古城逛多了其實真有點麻木，不過途中一家手工造紙工作室吸引了我的注意。工作室不大，周圍都掛滿手作紙品，工作人員待我們走到他附近就主動開始向我倆示範如何從一缸奶白色的水逐步製作成一張紙，再用古老的印刷術把古城的各種風景印在手造紙上。平常的我旅行時很少會買紀念品，因為不想為背包增加重量，但這次在旅行的第一個目的地我就忍不住了。大概是想表達我對他工作態度的認同吧，即使當

▌奧赫德曾有三百六十五座教堂，因而又被稱為「巴爾幹的耶路撒冷」。

時店內只有我倆看起來購買力極低的女生，但他依然認真地給我們做示範和解說，讓我們任意地拍照，這是對參觀者的一份尊重。手工紙質感粗糙，上面的古城街景就只有簡單的黑白印刷，但我很喜歡。

根據歷史記載，奧赫德在三百萬年前就有人類在此生活。猜猜為甚麼奧赫德會被稱作「巴爾幹的耶路撒冷」？原來這裡曾有三百六十五座教堂，每天去一間也得要一年時間才走完呢！可想而知，奧赫德在拜占庭帝國時期是何等重要和輝煌。花開花落總有時，現在的奧赫德已遠遠不復當年的輝煌，現存大概只有二十多座教堂，而我最喜歡的就是屹立在湖邊一座小山上的神學家聖約翰教堂（St. Jovan Kaneo）。這間古舊的紅磚東正教教堂面向著湛藍色的廣闊湖面，翠綠的樹木和草地豐富了整個畫面，站在小山上靜靜地感受著時間的流逝，等待著日落的來臨，這是我記憶中奧赫德最美麗的一幕。

馬、阿兩國的恩怨情仇

　　遊客們晚上大都會在古城範圍內吃晚飯，有很多餐廳都會以湖鮮作為賣點，有些餐廳以奧赫德湖鱒魚（Ohrid Trout）作為招徠。原來此鱒魚已在奧赫德湖中生長數千年，近年因被過度採捕而瀕臨絕種，所以馬其頓政府曾立法禁止漁民捕撈。鄰國阿爾巴尼亞擁有三分一的奧赫德湖，但阿國只規定產卵期月份禁示捕鱒魚，其他月份即無限制，因此馬、阿兩國為此產生了一些衝突。

　　其實，兩國的恩怨情仇複雜得很，絕不僅止於禁捕鱒魚這件事。讓我大概解釋一下吧。首先，馬其頓人與阿爾巴尼亞人的語言截然不同。此外，兩國主要信仰也不同，前者多信奉東正教，後者則以信奉伊斯蘭教為主。這說明了他們在歷史背景及宗教上都不盡相似。馬其頓國內，阿爾巴尼亞人約佔兩成，因為種族、價值觀及生活習慣大相逕庭，因此馬其頓人並不喜歡阿爾巴尼亞人，兩個種族壁壘分明，生活上都盡量避免交集。1999年，鄰國科索沃爆發戰爭，極大量阿爾巴尼亞難民突然遷徙至馬其頓，馬其頓政府再度開始打壓阿人，阿人和馬政府爆發起武裝衝突，最後雖然在各國介入調停下衝突終於結束，但雙方的關係反而因此撕裂得更深。戰爭早已告一段落，不過兩個種族間的千千結似乎打得更複雜更難解開。究竟阿爾巴尼亞是怎樣的國度呢？旅程的下一站我就會知道了。

古城之外

我們的旅館不在古城之中，但離古城不遠，吃個晚飯後就散步回去休息。離開古城及商業大街後，市面變得異常冷清，且燈光昏暗，有些建築物頗為殘破，還是加快腳步走比較好。不知道是我運氣不好，或是旅館水壓不穩定，每個晚上回到旅館想要洗澡的時候只會有冷水，而其他人則有熱水。由於本人身子向來較弱，承受不了冷水的衝擊，於是……基本重點清潔吧！

聖瑙姆修道院附近的湖畔非常幽靜，是當地人度假的首選。

在旅舍老闆心中最美麗的的聖瑙姆修道院。

　　逗留在奧赫德的數天內，我們還到了城的其他景點，例如聖索菲亞大教堂、古羅馬劇場遺址、歐洲第一所大學的遺址，又遠眺了山頂上古老的城門和堡壘。有個早上，我倆在湖邊的位置被一群參加學校旅行的馬其頓小朋友包圍，他們不停問我們問題，對我們十分有興趣，可能他們比較少見到亞洲人的面孔吧。大部分的對話也是靠當中的一位高材生以英語和馬其頓語為雙方翻譯，與其他人都則是在東拉西扯，反正都是充滿歡樂的。受旅館老闆的推薦，我們打算到奧赫德湖靠近阿爾巴尼亞的另一頭玩，因為他說那裡有最美麗的修道院，連當地人度假都會去。依據他的指示，我們在指定的巴士站等候。不過，巴士的班次不明，也沒有路線號碼，而且該巴士站是很多巴士線路的上客點，我們搞不清楚該上哪部巴士。看來

坐在圍牆上看風景。

不單單我們遇上難題，當有巴士停靠的時候很多人一擁而上，直接問司機會否到某個地方。好吧，規則如此，我只好入境隨俗。就這樣，厚著臉皮不斷地上上落落，擠擠擁擁，一次又一次地希望和失落已教我開始麻木。終於在一個小時後，我們成功登上了正確的巴士。幸好，聖瑙姆修道院（Sveti Naum）沒有令我們失望。可能是因為早上經歷了太多的挫折吧，平平淡淡地坐在修道院的觀景台，靜靜地看著碧藍色的淡水海已覺得很滿足了。

下一站就是阿爾巴尼亞的「千窗之城」，培拉特（Berat）。當地的旅館已訂好了，只是交通方面我們要走一步算一步了……

Chapter 06
巴爾幹半島（下）
阿爾巴尼亞和波斯尼亞的二三事

千窗之城：培拉特。

　　馬其頓後的下一站就是它的死對頭阿爾巴尼亞。阿爾巴尼亞與馬其頓的經濟狀況不相伯仲，同為貧窮國家，因此對交通網絡也不要有太高期望。早上從奧赫德出發到阿爾巴尼亞的培拉特（Berat），旅途甚為轉折，也遇上很多「驚喜」，例如小巴一直開到了總站也發覺坐錯車、被黑的司機誤導沒有過境巴士等等。雖然現今科技發達，網路資訊充足，但在這裡自由行最可靠的還是「路在口邊」。轉了幾趟車，終於來到了有開往培拉特巴士的站頭。巴士站給我的感覺與中國四五線城市的巴士總站十分相似，大批懷舊巴士排列在泥石路上，工作人員站在巴士前方不斷拉客。在多番確定之下登上了開往培拉特的巴士，本來說十五分鐘後會開車，毫無意外地，司機最後等到滿座才開車。在這裡旅行，要把時間放開心情才會愉快啊。

　　怕錯過了培拉特下車的機會，我期間就會看看電話的導航，在陌生的地方總有點神經緊張。成功在培拉特下車！下一個挑戰就是尋找已訂好的旅舍。培拉特是阿爾巴尼亞少有的旅遊城市，但放眼所見，一切還是非常樸素，周圍都保持著當地居民生活的原汁原味。我們在找路的時候，來回經過古城路口好幾次都見到有位男士站在那裡，原來他就是擔心我們找不到路而特意來接我們的旅館主人！

比風景更美麗的人

　　在旅館安頓好後時間已經不早了，就到市內隨便走走吧。古城以外的地方都十分平民化，甚有中國鄉鎮的味道。城內最多的就是婚紗店和博彩店，而沿街都有不少等待維修的坑洞。街上泊著很多名車「賓士」（Mercedes-Benz），不過殘舊得可以直接放到博物館了，估計是由歐洲其他地方運來的二手車。走在培拉特的街頭讓我們瞬間變成明星，怕醜一點的當地人會離遠盯著我們看，有些人會主動跟我們打招呼，又有些人會拿出手機來想要與我們合照。一開始不習慣時覺得渾身不對勁，後來一次一次的經驗讓我們明白他們都是出於好奇和只想表達善意，也就變身做親善大使，隨時準備好微笑打招呼。晚上的古城廣場非常熱鬧，培拉特居民飯後習慣過來這邊散步閒聊，有些打扮新潮的年輕男女就聚在露天酒吧。我們也到廣場湊熱鬧，胡亂點了一堆串燒、烤肉做晚餐，食物味道不錯啊，而且非常便宜。

　　我們住的旅館是位於古城的一座二級歷史建築物內，由一家三口營運，日常接待主要由約四十多歲的兒子負責，他的爸媽因為不懂得英語就只能從旁協助。以前當教師的父親擅長運用身體語言與客人溝通，不過與其說溝通，應該說是提供貼心建議。例如

看見我正要走進浴室就提我們再等一下，因為另一住客才剛洗完澡，要等一會兒才有熱水；又例如我們天陰時出門會主動問要否借雨傘等。至於打扮優雅的母親則是退休護士；她為了不妨礙住客，洗碗的時候都格外輕放碗碟。旅館才剛營運不久，因此設備都很新穎。有次看到旅館內的小花園種有葡萄，就跟旅館主人打趣說他可以自家釀紅酒，怎料兒子說他現在已戒酒，再也滴酒不沾。原來這家旅館是他的全新開始，以前的他到了希臘打工，不過希臘經濟不景氣，每星期工作的天數不多，且不少人歧視阿爾巴尼亞人，所以一直都發展得不順利。生活壓力越來越大，他的酒就越喝越多，喝出胃病來，後來妻子要與他離婚，最後他就選擇回到自己的出生地開家旅館，希望一切可以重新開始。

登上培拉特城堡

培拉特古城主要分作三區，奧蘇姆河（Osum River）的一邊是傳統上以東正教為主的社區戈里察（Gorica），另一邊是以伊斯蘭教為主的芒加勒姆（Mangalem），而山頂是最有歷史的城堡區，也是旅館主人一家的原居地。戈里察比較幽靜，以民居為主，是欣賞對面芒加勒姆的「千窗之城」之景的最佳位置。芒加勒姆沿山勢建有一間間白色的鄂圖曼建築，每棟建築物都排滿木窗，錯落有致，是培拉

特最著名的景點。培拉特在斯拉夫語的意思是「白色之城」，但培拉特跟希臘的蜜月勝地聖托里尼島（Santorini）的白色屋子不同，希臘那裡的白色是純潔和浪漫的，而這裡的白色則是簡樸、滄桑的。

　　培拉特城堡就建立在芒加勒姆的岩石山丘之上，從古城區前往城堡只有一條路，一條又斜又滑的古老白石山路。幸運的我們在山坡路口居然碰上了昨天才遇見過的一對情侶，剛巧他們也要開車上城堡參觀，

┃ 山頂的培拉特城堡經歷了多次的摧毀後，遺址已是殘缺不全。

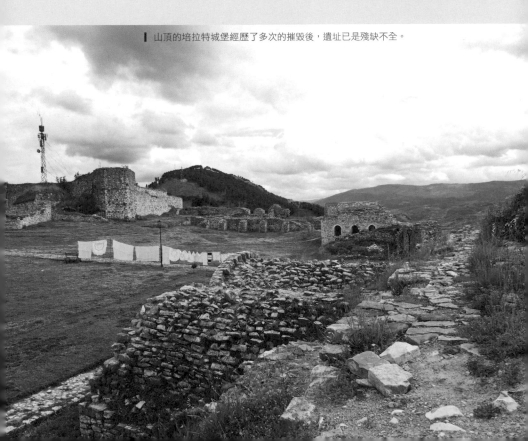

培拉特的戈里察區以民居為主，保留了簡樸傳統的氛圍。

走到城堡圍牆邊上可以看到奧蘇姆河岸兩旁都是美麗的田園和民居。

於是就邀請我們坐順風車,還分享了他們浪漫的愛情故事。來自義大利的鬍子男生去了阿爾巴尼亞的首都參加活動,期間碰上了坐在副駕駛座的阿爾巴尼亞四眼鬈髮女生,兩個一見鍾情墮入愛河。敢想敢愛的他們待女生成年就立刻註冊結婚,這次是男生特意來到阿爾巴尼亞拜訪女生的家人,順道一起旅遊當作度蜜月。他們的車子不寬敞,旅行箱不華麗,打扮很樸素,但比很多人都要友善和快樂,我衷心祝福他們。

抵達城堡門口之後當然就得跟他們道別啦,看到他們幸運甜蜜的樣子,應該也沒有人會想當電燈泡吧。城堡看起來很破舊,原建於西元前四世紀,及後經歷了多次的摧毀及重建,現在見到的遺址大部分來自十三世紀。雖然城堡區是個要付費進入的景區,但裡面的古舊民居依然住有本地人,偶爾會見到有些老人家坐在家門外與鄰居邊聊天,邊縫紉著布製品以售賣給遊客。走到城堡圍牆邊上可以看到奧蘇姆河蜿蜒的流向,河岸兩旁是美麗的田園風光和民居。坐在圍牆邊上,吃著外賣的烤雞,欣賞著綠野風光,聽起來有點悶,簡單卻實在。

　　待在培拉特的最後一天早上，旅館主人為我們煮了土耳其咖啡。土耳其咖啡在中西歐並不常見，主要盛行於阿拉伯國家、曾被鄂圖曼帝國統治的希臘及波斯尼亞等國家，是一種用原始烹煮方法煮成的咖啡。旅館主人首先問了各人喜歡的甜度，再把開水、咖啡粉和相應的糖量加入到一個銅製的長柄壺，然後把壺放在爐上煮，待咖啡開始冒出泡時就移離火源，稍微降溫後再放回爐頭上加熱，待泡沫再次出現的時候就把咖啡送到每個人的杯子裡。咖啡喝起來特別濃郁，喝到接近底部的時候會嚐到一些咖啡渣，這也是土耳其咖啡的一大的特色。由於各個旅人要求的甜度不一，而土耳其咖啡只會在烹煮的時候加入糖，所以旅館旅館主人分開了數次為各人烹煮咖啡，且煮的時候必須待在旁邊，因泡沫很容易會一下子溢出咖啡壺，因此每一杯咖啡都是用心度身炮製，喝起來特別有感覺。

　　用過早餐後就出發前往首都地拉那（Tirana）。再見了，充滿人情味的培拉特。

快閃莫斯塔爾

　　地拉那之後，我們到了黑山共和國。有天突然發現我們在計畫旅程的時完全把其中一天忘掉了！我們的旅程就突然多了一天出來。去克羅地亞前去哪裡好呢？不如就去鄰國波斯尼亞的莫斯塔爾（Mostar）吧！

真正的莫斯塔爾古橋在1993年內戰時期被炸毀，2004年在多國的資助下重建的「古橋」。

　　就這樣，我們就出現在莫斯塔爾了。莫斯塔爾的舊城區內有一條必去的老橋。雖然這條橋的名稱是「古橋」（The Old Bridge），但其實真正的古橋在1993年內戰時期已被炸毀，直到2004年才開始重建。古橋的原貌在各國的資助下終於重現世上，完美的半圓弧線把兩岸再次連結起來。以硬石建成的橋樑高二十四米，遠遠望過去就已經氣勢十分雄偉，其半圓的弧度為石橋添上了一些柔美的感覺，遠觀近看都是一樣賞心悅目。

波斯尼亞的莫斯塔爾舊城區還有不少具代表性的鄂圖曼建築。

　　這裡有個傳統文化活動是生於莫斯塔爾的年輕男子一定要參與的，就是要從橋中央的最高點跳進河裡以展現男子氣概，每年夏天七月尾就會舉行比賽讓眾男子一較高下。那平常日子他們跳不跳？跳。只要你肯付錢打賞，就會有人會為你一躍而下。經過古橋時，碰巧看到有幾個穿著泳褲的赤膊男士在邀請途人打賞以表演跳河，結果真的有途人上前打賞，準備有人要跳河了！平常奧運看的十米高台跳水，現在是二十四米呢，足足有八層樓高啊！圍觀的人很多，一位年輕男士先用涼水撥澆在自己身上，讓身體適應只有攝氏十二度的冰涼河水，然後他站上橋邊，在眾人的歡呼聲裡一躍而下！他的跳河姿態十分有型，雙手似飛翔般打開，小腿則向後方摺起，真的是超級英勇啊！原來他們是這裡潛水協會的會員，經過長期訓練，難怪如此駕輕就熟。

▌莫斯塔爾的年輕男子每年都會有跳河比賽，其餘時間則有付費表演。

與戰爭痕跡共存

▍毋忘九三。

　　舊城區還有不少具代表性的鄂圖曼建築，不過我們時間不多也就沒有細看，皆因要預留充足的時間看看內戰留下來的痕跡。古橋之所以被炸，全因九十年代發生在巴爾幹半島的戰爭。一九九一年，原由六個聯邦組成的南斯拉夫共和國開始解體，一系列的內戰在各個獨立國中爆發起來，波斯尼亞亦難逃厄運。簡單一點去解釋，波斯尼亞內戰乃始於境內三個不同種族的鬥爭。信奉伊斯蘭教的波斯尼亞人、信奉天主教的克羅地亞人和信奉東正教的塞爾維亞人之間的發生了民族對立、宗教衝突及種族清洗；前兩者想脫離南斯拉夫，最後者則堅決反對。三年半的戰爭，二十萬人死亡，二百萬人淪為難民。

▌內戰時期留下的彈孔隨處可見。

只有自己願意，才可讓曾經傷害你的彈孔化為帶來無盡能量的插孔。

　　九十年代出生的我，小時候一直以為世界已不會再有戰爭，原來在我的童年時期世界的另一邊正發生著這樣的事情。這天來到莫斯塔爾，離開了被重新粉飾太平的舊城區走到普通民居的地方，真的是震撼心靈的一天。在街上偶爾會經過一些已然荒廢的建築物，牆上密密麻麻的彈孔清晰可見。是特意把三數棟殘破不堪的建築物留下來以不忘歷史的教誨嗎？不，原來連普通的民居屋苑也是布滿彈孔痕跡！在街頭上可隨處看到戰爭痕跡真是頭一回，它不再是博物館內的展品，也不再是書本上的圖片，戰火的無情來到如此真實可觸。真難以想像，如果我的家在這裡，每天進出屋苑會有多麼難受，一個個的彈孔背後代表著一條條逝去的生命，滿載著傷痛的回憶。

　　波斯尼亞的經濟到現在還沒有好轉過來，重建古橋和復修古城的資金乃來自多個鄰國的資助，大概是政府沒有足夠的財才去修復及清拆市內的其他建築物吧，要不為何讓自己的城市繼續滿目瘡痍呢？不過，青年旅館的男女主人都笑容可掬，十分開朗，讓與他們接觸的人都會被他們快樂感染。難道是經過戰爭的洗禮，早已看透世事，可以輕鬆自在地生活下去？

Chapter 07
法國
蔚藍海岸 · 奢華以外

蔚藍海岸有長達三千多米的海岸線,是名人貴族的度假勝地。

蔚藍海岸（Côte d'Azur）這個中文名字譯得很好，寥寥數字就可讓人立即幻想到自己躺在蔚藍色的大海旁，懶慵地享受著日光浴。蔚藍海岸是指法國東南部地中海的沿岸，是世界上最奢侈浮華的地區之一，匯集了各地名人、富人；當中最為人熟悉的城市分別有老牌度假聖地尼斯（Nice）、每年五月都會舉辦影展的坎城（Cannes），和廣受年輕人追捧卻又充滿罪惡的馬賽（Marseille）。為甚麼蔚藍海岸可以吸引到世界名人貴族前來度假呢？原來這裡有長達三千多米的地中海海岸線，而每年有超過三百天的晴天日子。這裡四處都是奢華的酒店與私人遊艇，如果你想感受一下金錢的魔力或貧富懸殊，蔚藍海岸絕對是個好地方。

▌蔚藍海岸沿岸城市都建有奢華酒店及碼頭供大量私人遊艇停泊。

原來尼斯是這樣的啊？

到達尼斯的第一天便遇上堵車，堵得久了有點無聊，不由得四處張望，誰知剛好看見以下我以為只會出現在落後國家的一幕：對面的行車線也在堵車，有位女司機不知道是等得不耐煩還是選錯行車線，前方有些少空位時就突然車頭一轉衝上路肩（路肩不高，約闊三至四米）。她在順通無阻的路肩上如入無人之境，趁車與車之間有點空檔就駛落路肩劃入另一條行車道。當下一刻真的看得我「嘩」的一聲叫了出來，想不到名人貴族喜歡來度假的地方原來是這個樣子！

堵車情況嚴重，大部分車輛只能龜速行駛，此時竟可聽到電單車馳騁的聲音。我回頭一看，一位鐵騎士把電單車車頭抽起了，單以後輪在兩條車龍之中高速飛馳！如此瘋狂的駕駛行為我真不敢想像會發生在密密麻麻的車輛之中，這個上流華貴的濱海度假勝地實在令我萬分驚訝。

▍蔚藍海岸山上的某處秘境。

尼斯海水的藍色很是獨特，顏色雖深濃卻晶瑩剔透，就像會流動的藍寶石，怪不得那麼多人會慕名而來。可是「水清沙幼」並不適合拿來形容這裡的海灘，因為這裡只有石灘，而且是大大顆的灰色鵝卵石啊！可幸的是鵝卵石的表面都是滑溜溜，赤腳在石灘上走也不會使雙腳難受。尼斯在法國啊，但這個尼斯海灣邊上的步行道竟然叫做「英國人散步大道」（Promenafe des Anglais），難道又有甚麼歷史典故？原來在十八世紀時，英國人開始流行來到氣候宜人的尼斯過冬度假，他們特別喜歡住在可以欣賞到全海景的半山或岸邊，且會興建自己的別墅豪宅。某年的冬天特別寒冷，農作物嚴重失收，大量來自北面的乞丐湧入尼斯，希望在這裡能得到溫飽。有見及此，把尼斯當作第二個家的英國人在英國教士的帶領下，聘請了這批乞丐在沿岸修建一條長七公里的散步大道，既提供了大量工作機會，又可讓人們享受海邊的悠閒愜意，最後成就了這條直到今天依然受大眾歡迎的海濱大道。

▌尼斯海濱的「英國人散步大道」。
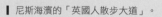

「鐵面人」傳說

　　沿海岸繼續往西邊走就會到達每年都舉辦影展的坎城。這個小漁村在百年前同樣是因為受到英國王公貴族的賞識而蛻變成星光熠熠的度假之地，岸邊泊滿豪華遊艇，甚至比尼斯的數目更多。不屬於追星一族的我並沒有到星光大道看國際巨星打的手印，而是選擇坐船到坎城對出的其中一個島嶼聖瑪格麗特島（Île Sainte-Marguerite）。短短十五分鐘的船程就抵達了這個十分天然的小島，好像空氣都特別清新，起碼少了一點銅臭味。

　　小島本來屬於一個法國修士，後來由於小島位處重要戰略位置，因而先後被法國皇室及西班牙佔領。整個小島都長滿傘松和尤加利樹，房屋和建築物很疏落，最熱鬧的地方就是餐廳。島上可以參觀的建築物就只有一個──舊皇家堡壘。小島人煙稀少且指示牌闕如，圍著堡壘繞了很久才找到堡壘入口。堡壘後期被法國改建成軍營和監獄，曾經囚禁過不少名人，最廣為人知的就是「鐵面人」。

　　傳說「鐵面人」在囚的數十年間皆戴著一個鐵製面具，從來沒有人見過他真正的臉孔，也沒有人知道他的真正身份。後世人們試圖在一些法國皇室政要的來往書信之間探尋蛛絲馬跡，只能確定當時的法國大臣都要對鐵面人說話恭敬，且鐵面人會與獄長共進午餐，在獄中長期獲得上等優待；而鐵面人就被形容為安靜、有禮及從不惹麻煩。有的人說他其實是當時的法國國王路易十四的真正生父──他父親路易十三極可能是同性戀，結婚多年仍膝下

▌曾囚禁「鐵面人」的堡壘監獄一半對外開放，一半改建為海洋博物館。

無兒無女，當時的主教便和路易十三合謀找了一個代父，讓皇后懷孕並誕下麟兒以保江山；有些人就說鐵面人其實是路易十四……世人永不會知道真相，這個迷團會一直帶給人們無盡的幻想。鐵面人的故事有如宮廷電視劇般吸引，究竟是人生如戲還是戲如人生呢？

從埃茲可以欣賞到壯闊的地中海海景。

「在死亡之中，我重生」

　　蔚藍海岸風景之美不僅止於大海和小島，距離海邊不遠處有不少山中小城值得到訪。坐上由尼斯出發的巴士，二十多分鐘後就可到達傳聞中的「法國最美麗小鎮」埃茲（Eze）。曾到過不少令人失望的「最美麗的XXX小鎮」，所以這次心裡並沒有保持太大期望。

　　埃茲位於距離蔚藍海岸海邊四百多米高的懸崖峭壁上，正因位處高地，所以從埃茲可以欣賞到蔚藍海岸的壯麗景色。如果喜歡爬山，可以從埃茲濱海火車站（Gare de Eze Sur Mer）起行，沿著尼采小徑（Nietzsche Path）往上爬，大約一個小時就會到達這中世紀山城。

　　為甚麼有條尼采小徑在此呢？當年著名的德國哲學家尼采曾居於埃茲，特別喜歡在山城崎嶇卻風景壯麗的山路上散步沉思，激發創作靈感，最後完成了集其思想之大成的哲學名著《查拉圖斯特拉如是說》。所以，後來當地人便以他的名字為其中一條山路命名來紀念他。

埃茲的街道狹窄迂迴，猶如置身於迷宮之中

　　離開巴士站後沿斜坡往山上走，以一層層石頭建成的老屋就會慢慢出現在眼前。這裡的房子一間間依山勢而建，慢慢盤旋至山峰，猶如鳥鷹築巢，所以又被稱為鷹巢村。小鎮街道狹窄迂迴，想查看手機地圖卻看得頭暈，最後索性收起電話享受在迷宮城內隨意閒逛，感受由滄桑的中世紀房子與生命力強盛的花藤綠樹交織出來的獨特氛圍。

　　山城除了開有不少古董店、紀念品店、咖啡店和餐廳外，還吸引了很多藝術家過來駐守，所以到處都是藝廊和工作室。但是，這裡的藝術品價格絕不便宜，似乎我不是它們的有緣人。

　　一直往上爬就來到教堂前廣場，這裡可以邊欣賞附近山城的景色，邊享受著和煦陽光和柔和涼風，非常寫意。繼續往上爬至近山頂的位置就會到達異國情調植物園（Le Jardin Exotique）的入口。此處曾是一座屹立在山頂的城堡，可惜在三百多年前的一場戰爭中被摧毀，變成廢墟。後來有位農學家想把城堡廢墟變成植物園，引入了數百種來自各大洲的仙人掌和多肉植物，讓它們在這乾旱的廢墟之中成長和繁衍，確切地演活了這山城的格言：「在死亡之中，我重生（Moriendo Renascor）。」巧合地，埃茲的盾徽正是一隻棲息於骨頭上的不死鳥。

　　遊畢山城後慢慢散步至山腳，來到了一家法國香水老品牌的實驗室工廠。平日不對外開放的廠房重地

原來有舉辦免費導覽團，讓來賓進入工廠親身了解香料和植物如何搖身一變成為女士寵愛之物。參觀過後才知道埃茲這邊的廠房只集中製造護膚品和化妝品，如果要更徹底拆解香水的祕密，最好前往同在南法的世界香水之都格拉斯（Grasse）。格拉斯那邊會有香水博物館和多間大型的香水工廠，參觀者更可自行調香製作獨一無二的專屬香水。聽起來好像很厲害，令人嚮往，可惜我沒有用香水的習慣。

　　旅程中透過友人的介紹認識了幾位居於蔚藍海岸的朋友，其中一位是來自摩納哥的男生。這位活力十足的摩納哥男生已在南法生活多年，早已融入了法國文化。愛車的他剛到南法時開始學習維修汽車，順理成章當上了修車師傅；後來再轉修巴士，再轉修遊艇，現在更常被公司派到世界各地搶修遊艇呢，絕對是個奮發向上的勵志故事。樂業後便想安居，他特意選擇在偏遠山頂小鎮買了房子，說這樣的話每天上班下班都可以在迂迴曲折的山路上開快車。不過，愛玩車的他開的並不是跑車，而是一部部殘舊的老爺車。人家淘汰不要的舊車一旦落在他手中，他就會左改右修，很快車子就能繼續上路行駛了。

　　有次，他正載我們一行幾人上山頂看風景，中途他突然停車，興奮地衝下車說要把他的泵把（保險槓）撿回來裝到他其他車上。明明這是被人丟棄在山邊的泵把，為甚麼會說這是「他的泵把」呢？原來幾個月前他其中一部老車再也修不好了，他就把它開

在聖瑪格麗特島可以看到對面繁華的康城。

到這座山的山頂上，然後親自把車推落山崖。甚麼！不會吧？同行的一個法國人也得意地應和說他有位朋友也試過這樣處理舊車。甚麼！不會吧？以前曾聽說現在的法國年輕人做事越來越瘋狂，當時我還不大理解，此刻忽然頓悟所謂「瘋狂」云云！

　　西方社會的自由度過大，東方世界的規範又過多，從來沒有沒有誰比誰更優勝，沒有一個完美的生活方式。只是穿梭在兩者之中，有時候讓我思緒有些混亂。世界之大，沒有絕對的黑與白，但「緊握自己的原則」是任何時候也不能忘記的事。

Chapter 08
斯洛維尼亞
一個我希望
再次到訪的國度

很多當地的情侶都希望在布萊德島上的大教堂舉行婚禮

斯洛維尼亞的首都盧比安納是歐洲面積最小的首都之一，步行可到達大部分景點。

　　有些旅程縱然早已全盤計畫好了，旅途中卻可能遇上很多令人失望的狀況，或極其倒楣的事。不過，斯洛維尼亞（Slovenia）卻恰恰相反，出發前僅略略準備了一下，旅途卻頗順利，而且到訪了不少出乎意料、令人驚喜的景點呢，因此對斯洛維尼亞印象非常不錯。

　　斯洛維尼亞是中歐的一個小國，在建築、飲食和語言上受到鄰邊大國義大利、奧地利和匈牙利所影響。斯洛維尼亞是個風景特別優美的自然國度，它擁有一部分阿爾卑斯山山脈，而有一半國土都被森林覆蓋，還有不少湖泊和溶洞。斯洛文尼是個年輕的國家，在1991年才脫離南斯拉夫聯邦國宣布獨立，其首都定在全國之最大的城市盧比安納（Ljubljana）。盧比安納是歐洲各國中面積最小的十個首都之一，不過小有小的好，因為靠步行已可玩遍大部分景點。

迷你首都

由克羅地亞的羅維尼（Rovinj）登上巴士前往盧比安納，巴士進入了斯洛維尼亞國境後沿地中海旁的公路一直開往盧比安納，途中經過了皮蘭（Piran）和科佩爾（Koper）這兩個沿海城小鎮，可惜這次的旅程沒有安排到這兩個城市，感覺它們都很漂亮呢。在車上醒醒睡睡，不知道過了幾多個小時，終於都到達了盧比安納！可能受早前的巴爾幹半島之旅影響，以為斯洛維尼亞也會挺落後，誰知這裡比我想像中要繁華得多，特別是古城的廣場更是熱鬧非凡。這裡的物價比起其他巴爾幹半島國家要高些，不過比起克羅地亞還是要低一點。

盧比安納的必到景點當然是最熱鬧的古城區，當中的普雷雪倫廣場（Preseren Square）聚集了不少街頭表演者，而非常少女心的粉紅色方濟各教堂（Franciscan Church）就是拍照留念的好地方，廣場旁邊是盧比安納的地標──三重橋（Troostovje）。三重橋是一組三座的古老橋樑，站在橋上可以欣賞廣場和河岸兩旁的美麗景色。抬頭會看到古城的山上有座城堡，雖然城堡內部沒啥吸引力，但站在城堡景觀台可以俯瞰城市全景，行程不趕的話不妨花點時間登頂。

探險溶洞

　　盧比安納到處都是露天咖啡座，悠閒的氣氛吸引了不少歐洲旅客前來旅遊。不過於我而言，斯洛維尼亞最引人入勝的是其豐富的自然景觀，特別是溶洞和湖泊。斯洛維尼亞有很多鐘乳石洞，最有名的是波斯托伊納洞（Postojna Cave）和什科茨揚洞群（Skocjan Caves），前者最受旅客歡迎，因可乘小火車在洞內遊覽，且附近有懸崖洞窟城堡（Predjamski Grad）可以參觀；後者則屬於世界自然遺產，遊覽全程需要上上落落。由於行程所限，我只可二選一，最後決定去什科茨揚洞群，一是它是世界自然遺產，二是沒有那麼商業化，所以唯有犧牲洞窟城堡了。

　　從盧比安納出發，先坐火車到城鎮迪瓦查（Divaca），再轉乘溶洞的接駁班車才可到達洞群入口。要進入此溶洞參觀必須跟隨覽賞團，整個參觀過程約為兩小時，途中要步行約三公里，上下落差有一百四十四米，因此需要一定體力要求；另外，洞內的氣溫長年維持約攝氏十二度，幸好我事先有準備外套。由導覽員帶領之下，我們一團人慢慢走進溶洞。岩洞體積十分龐大，周圍都是經歷過百萬年才形成的鐘乳石石柱及石筍，非常壯觀！以前曾到過日本和中國數個省份的鐘乳石洞，洞內都放置了不同色彩的燈

▋森林之下隱藏著高達二百多米的什科茨揚洞群。

　　光使鐘乳石看起來更「美麗」，但其實有點畫蛇添足。這裡鐘乳石洞只放有微弱的黃色燈光，使洞穴看起來更自然，而且隨著眼睛適應了洞內的暗黑環境後會越看得清楚，就越能感受到洞內獨特的氛圍。

　　根據研究，鐘乳石每年生長僅零點一毫米，即每一百年才長到一釐米，所以眼前足有一兩層樓高的石柱及石筍都非常珍貴！導覽員沿途都會提醒我們不要隨意去碰觸鐘乳石，而且在重要區域更不能拍照。什科茨揚洞群是全世界所公認位置最深的地底峽谷，最深的地方達到二百米以上。我們一直向下走以參觀不同的洞窟，繼續走到十分接近洞底的時候就會看到一條長約六公里六地下河和瀑布。站在洞底回頭仰望我們早前經過的洞窟，嘩！已經距離我們很遠很遠了，約有四十多層樓的距離！聽導覽員説，以前的探險家是循地下河發現到這個洞窟，再鑿石梯一步一步往上爬，歷盡艱辛才成功發掘了整個洞窟群，探險家真的是十分厲害啊！

童話世界

　　欣賞過斯洛維尼亞神祕的洞窟後，下一站就來到這個國家最有名的旅遊地區——布萊德湖（Lake Bled）。我非常期待遊覽布萊德湖，有次偶然之下看到了它的照片就十分喜歡，所以這次有機會來到就打算待上三天兩夜。布萊德湖是個冰蝕湖，即是在很久很久以前，因冰川活動而形成了侵蝕地形，後來冰河時期過去，留下來的碎冰融化變成了現在的湖水。每逢夏天布萊德湖就變成熱門的度假勝地，幸好我來的時候已是初秋，可以好好享受寧靜的環境與湖光山色。這裡風景如畫，湖的四周被山巒和森林包圍著，坐在湖邊又可遠眺阿爾卑斯山的山脈，而湖中心有個建有教堂的小島，無論在甚麼角度看都是優美的湖光山色。

　　入住的青年旅社就在湖邊，放下行李就出發去環湖了。環湖步道約長六公里，我以逆時針方向環湖，首先經過酒店和餐廳的區域，繼續走就會到達城堡下的山腳。布萊德城堡是斯洛維尼亞最古老的城堡，於1004年建成後曾幾度易手，最後才被收歸國有。

▌布萊德湖的船伕依然堅持以人力航行傳統木船Plenta。

在布萊德湖度假不需要計劃行程，直接躺在湖邊賞景就是最好的享受。

城堡的外形設計比較簡單，配合旁邊的美景，真有點童話的感覺。城堡內的展館遠不及外邊的風景吸引，因為站在這裡可以一眺布萊德堡的全景和周邊的翠綠山巒。

爬山登上城堡已經用了不少氣力，所以把心一橫今天暫停環湖，散步回到酒店區域，尋找人家口中的必吃美食——布萊德奶油蛋糕（Bled Cream Cake）。大家可能會在斯洛維尼亞，甚至義大利旅遊時見過這個奶油蛋糕，原來蛋糕的原創者是一家布萊德湖酒店的甜品師傅，後來蛋糕風行全國，成為了斯洛維尼亞的經典甜品。既然來到布萊德湖，當然要到原創蛋糕的咖啡店朝聖。挑了個面向城堡的位置，在和暖的陽光照耀下等待服務生為我送上蛋糕和咖啡。布萊德奶油蛋糕分四層，底面兩層是牛油酥皮，中間夾著一層奶油和一層吉士。雖然蛋糕用料其實很簡單，但最大的賣點是蛋糕每天都由咖啡店用心新鮮製造。老實說，蛋糕的味道不錯，奶油和吉士都很滑，只是酥皮不夠鬆脆，否則吃起來會更有

層次感。很多時候我們去吃飯或買東西，其實是在追求一種美好的感覺，只要能讓我們感到開心、滿足，就是一間好餐廳、一件好產品。嚐一口蛋糕，喝一口熱咖啡，抬頭有蔚藍色的天空，眼前是童話般的青山、綠水和古堡，在如此完美的環境之下品嚐了布萊德奶油蛋糕，我當然會覺得這份蛋糕值一百分。

　　布萊德島（Bled Island）為布萊德湖起了畫龍點睛之效。位於湖中心的布萊德島是斯洛維尼亞唯一一個天然島嶼，要登上小島有三種方法：瘋狂一點的可以游泳，時間多的可租艘小艇划過去，最受歡迎的則是坐傳統木船（Plenta）。傳統木船看起來像有蓋舢舨，全靠船夫用人力划槳推進，因此湖水能長期保持清澈，且不會有引擎聲產生以破壞幽靜的氣氛。

　　島上建有一條九十九級的「天梯」通往聖母蒙召升天大教堂（Cerkev Marijinega Ynebovzetja），據說有很多斯洛維尼亞的情侶都嚮往在此教堂舉行婚禮，新郎要抱著新娘走完天梯進入教堂，然後一同敲響教堂鐘三下，代表夫妻二人會一生幸福。無論習俗是真是假都無傷大雅，最重要的是，敲畢教堂鐘後彼此內心對未來都充滿憧憬，這絕對有助於維持健康的婚姻關係。而我自己卻本著距離產生美的原則，選擇留在湖畔來觀賞它。畢竟欣賞這座教堂和小島之美的最佳方式，是站在湖邊或山上，遠眺它們在湖中的倒影。

　　沿著步道環湖時，不時會碰到當地人環著湖慢跑、騎單車，或者悠閒地享受垂釣，讓人感覺特別寫意。我最推薦的觀景點是在湖的西南面，這裡可以最佳的角度將湖心島、崖邊上的古堡和背後壯麗的阿爾卑斯山山脈一覽無遺。走到湖畔的長椅坐下來靜靜欣賞眼前的迷人美景，看著船來船往在湖上泛起片片漣漪，內心無比寧謐。

斯洛維尼亞的童話小鎮

斯洛維尼亞可擁有部分阿爾卑斯山山脈。

　　青年旅舍的職員介紹我去一個當地人也會到的小山頂看湖的全景，聽起來好像很棒，於是就決定上山去看看。山路是陡峭濕滑的泥路，沿著一些看似「前人走出來的路」一直上山，有點像在清邁玩的森林徒步。途中曾遇到兩個上山的人，本想要與他們結伴同行，不過他們裝備充足，又有行山杖，所以很快就消失在我眼前了。天空開始出現烏雲，腳下的泥濘很濕滑，一不小心便會滑倒。「還繼續前進嗎？」這問題一直在腦海中徘徊。難得來到這裡，很想看到布萊德湖的全景啊，而且在這個山頂的角度看布萊德湖的話將會是個心形湖呢！心中一直很掙扎，最後還是理智戰勝了，當個負責任的旅人吧。

斯洛維尼亞絕對是個風景優美的大自然國度。

　　有些人可能會說：「你這樣不夠瀟灑啊！」旅行
就是要勇敢一點嘛！畢竟我知道自己經常到處旅遊，
在家人及朋友的眼中已經夠「任性」的了，如果眼前
遇到危險情況，我還是會選擇暫時退縮，安全第一，
當個負責任的旅人。每個人都有自己的一套旅行方
式，自己覺得舒服就好。每次旅行難免會留下一些遺
憾，不過收穫到的美麗回憶總比遺憾多啊。

　　繼續下一個旅程吧！

波茵湖距離布萊德湖不遠，值得一訪。

Chapter 09
義大利（上）
橄欖農莊的生活

托斯卡尼的夕陽。

倫敦工作假期的簽證到期後，我並沒有立刻飛回香港，而是在歐盟的免簽期限內爭取機會繼續歐遊。一年前曾經到過英國雪菲爾（Sheffield）的一間禪修中心打工換宿，今次想試試一些大自然的環境，機緣巧合之下就來到了義大利中部托斯卡尼（Tuscany）的一個橄欖農莊，認識到許多充滿個人色彩的朋友。

我的橄欖好拍檔

與農場女主人約定在巴士站碰面，原來她早就等在那裡了。農莊離城鎮中心不遠，開車只需要五分鐘。農莊以種植橄欖樹為主，還有一些葡萄、杏仁樹、栗子樹、櫻桃樹、蔬果和香草。農場女主人叫Catherine，是個法國人，她的伴侶則是位美國人；他倆在退休後都不想過上無聊的日子，因此來到義大利中部買了這個農莊，一切從零開始，一邊上課一邊實踐自己做橄欖油、釀紅酒，除了自用，也贈送朋友，所以每年產量不多。男主人因有要事得回去美國一趟，所以今次無緣見面。

別以為住在農莊就得降低生活舒適度，絕不！例如：他們習慣到超市購買有機食品（義、法等國的一般大眾超市提供各種有機產品，從麵粉、雞蛋到衛生紙，應有盡有，價錢比香港的有機產品還便宜）；家裡的游泳池不用化學物氯氣來消毒，而是用上成本高很多但較不傷害身體的鹽水系統；另外，屋頂亦裝上了太陽能發電系統，有時生產的電用不完就會賣給電力公司。托斯卡尼這裡有不少房屋都是由舊農舍改建而成，以前是上層住人、下層養牲畜，因此空間寬敞，樓底很高。

▌晴天的橄欖農莊。

　　這次和我一起幫忙摘橄欖的是一位叫Claudine的法國女士，一頭白色短髮的她比我更有活力，經常獨自開著私家轎車到處做義工。我和她一起住在一間由農舍改建而成的小石屋內，配有廚房和沐浴間、陽台。每天晚上，我們三個女人都會聚在上層，一起烹飪，一起用餐。Catherine和她的伴侶都喜歡藝術，上層的布置採用了八九十年代文藝風格，掛有不少他們自己的畫作和其他藝術擺設。每次晚飯的時候，我們都會一邊聽著音樂用餐，一邊分享各自旅行世界不同角落的見聞，因此一頓晚飯通常都吃上兩三個小時，每晚回到自己房間跟家人報個平安就倒頭大睡了。

　　我的拍檔Claudine是位退休法語老師，在德國居住了數十年的她，說英語時口音比較像德國人。為了要給孩子一個建全的家，她待子女長大成人後才與先生離婚，而她一直和前夫維持良好的朋友關係，來到義大利也會買紅酒回去送前夫。與前夫分開後，她遇上了一個來自非洲的男子，決定隨他回到非洲的一個小村落生活。那個村落非常落後，小屋沒水、沒電、沒冰箱、沒電視，因此她花了不少錢添購家電用品，也耗費了不少精力、時間改造裝潢房子。有次她的男朋友看到了有關恐怖活動的新聞，竟然因此而引發了以前當兵打仗時的創傷後遺症，為他自己及伴侶Claudine帶來沉重的心理壓力。此外，當地實行一夫多妻制，Claudine的男朋友想與他們的一個共同好友結婚！種種壓力之下，Claudine最後決定離開非洲，獨個兒回到法國生活。

橄欖油的背後

橄欖大概在每年十月開始成熟，不同產地的橄欖油口感各異，托斯卡尼這裡的橄欖油著重帶有「刺喉」的感覺，而我們的目標是要摘一半成熟、一半青綠的橄欖，讓橄欖油口感更豐富。橄欖小小的一顆，生長在樹上，有的伸手可及，有的離地十多尺，要怎樣摘它們下來呢？我們要先把大型網布鋪在橄欖樹的周圍，然後用塑膠泥耙「梳理」橄欖串，一顆顆的橄欖就會如雨點落下，跌落到地上的網布中。橄欖採得七七八八後，就要小心翼翼地把網布收起來，這樣就可以把全部橄欖一網打進，然後再繼續下一棵樹。摘橄欖累嗎？老實說確實有一點，因為過程中要經常抬頭舉手，有時橄欖生得太高而膠泥耙又不夠長時就要爬梯子。當然，累的時候可以稍稍休息一下。

剛到達的頭幾天對托斯卡尼還沒有太多認識，有次我在梯子上摘橄欖，剛巧有個拿著長槍的義大利男士經過，和我說了幾句義大利語，一頭霧水的我只好以微笑回應，心中疑惑著為甚麼在私人農莊會有個持槍男士步行經過。幸好旁邊的Claudine懂一點義大利語，原來那位男士叫我們不要害怕，他只是個獵人，只是打獵剛好經過這裡。

網布要以木枝托起，以防止掉下來的橄欖滾落斜坡。

　　獵人？我真沒有想過這裡會有人狩獵！這裡是已
發展國家啊，附近有許多城鎮啊，大城市佛羅倫斯離
我們不遠啊，但這裡竟然會有人以獵人作為職業？原
來，這裡的獵人多以野豬為狩獵目標，因為野豬繁殖
力高、數量眾多，過多的野豬會破壞生態平衡，還會
把用來釀造紅酒的葡萄吃光，因此政府允許獵人在指
定的區域及月份捕獵野豬。被捕獲的野豬會被食用，
例如風乾野豬火腿、野豬醬義粉及烤野豬等，都是托
斯卡尼獨有的地區菜色。

終於開始榨橄欖油了！

橄欖摘下來後，三四天之內就要送去榨油，而榨油廠規定要有一定重量才會開機替客人榨油。因此，我們一旦開始了採摘，就要掌握好時間分配，以便有足夠的新鮮橄欖送去榨油。有些日子我們有個好幫手Tristan前來做義工，以幫助Catherine趕上進度，他是個剛搬到義大利不久的法國男生。因為他相信鄰居、朋友應該要互相幫忙，不用時時刻刻都計算著金錢利益，所以每年Catherine要採收葡萄和橄欖時他都會過來出一份力，完成後Catherine又會以自家釀的葡萄酒和橄欖油來答謝他，這種鄰里關係似乎回到了舊時年代一樣。晴天的時候我們把握時機進行採摘，陰天打雷就要停止活動，一是為了安全，二是已摘下來的橄欖不能沾濕。但山谷間的天氣向來變化多端，很多時候天氣預告不大準確，所以我們要隨機應變，也要學懂觀察天色轉變。當然，這麼短時間內我並沒有學懂觀天，我只是聽懂了Catherine的預測而已。

收成了！想起了小學時讀過的〈憫農〉：「鋤禾日當午，汗滴禾下土。誰知盤中飧，粒粒皆辛苦。」

除了橄欖和葡萄，托斯卡尼最有代表性的植物就是柏樹。

托斯卡尼的典型秋天風景。

　　人家說以前的人迷信是因為沒有足夠的科學知識去理解各種天然現象和力量，於是就有了許多鬼神傳說，繼而有各種祭祀儀式祈求風調雨順；現在大部分的天然現象已可用科學去解釋，甚至有所謂「人定勝天」的說法。不過，這段採摘橄欖的經歷卻讓我對大自然的力量有了新的理解。在香港生活，下雨、打雷或太陽過分猛烈都不至於妨礙我外出，因為雨傘和有蓋行人通道為我遮風擋雨，即使是掛起八號風球依舊會有交通工具可以乘搭，連鎖店鋪也會如常營業，我們用了很多方法去對抗天氣的幻變以繼續正常生活。這裡的生活卻截然不同，下起微雨的話還能戴個帽子，打雷、下大雨就一定要停止採摘，保護自己也要保護收成，學習跟大自然和平相處。既然風暴來了就接受天意，返回到室內後與其怨天尤人，倒不如調整一下活動安排，要麼把握機會補補穿了洞口的網布、去掉杏仁的外殼、煮些栗子醬，待雨過天晴了就收拾心情回到樹下繼續採摘。當時的我在想，大概面對生活之中的跌宕時也應當如此。

▌釀製葡萄酒中。

▌休息是為了走更長的路。

沃爾泰拉古城

　　多虧Claudine這次是由法南自駕過來的，放假的時間我可以坐她的順風車到附近的大城小鎮逛逛。有些市鎮我以前已經去過了，所以有時我們到達後會分開獨自遊覽，再約定時間集合離開。這樣的旅伴關係很好，我們坦誠溝通，尊重各自喜好，目標一致就一起逛，要不就待回程路上才分享所見所聞。最靠近我們的小鎮是沃爾泰拉（Volterra），是個頗受歐美旅客歡迎的中世紀古城，亞洲旅客大都會到附近建有十多座高塔的聖吉米尼亞諾（San Gimignano）。沃爾泰拉位於山上，離大城市佛羅倫斯和比薩約有一小時車程，因此不少旅客會順道過來旅遊。

　　沃爾泰拉在西元前七八世紀左右開始發展，後來成為了重鎮，興建了不少大型建築物，例如由伊特拉斯坎文明（Etruscan）在西元前二三世紀所建造的大部分城牆和城門依然保存得非常完整，足以證明沃爾泰拉在當時有著重要地位。這裡還有個建於西元前一世紀的古羅馬劇場和浴場，但它們一直都被泥石覆蓋著不曾被發現，後來該地面更成為了垃圾場，直至在數十年前才不小心被挖掘出來，重現世上。山城內亦留有許多中世紀建築，懷舊味十足，因此偶爾會有劇組過來取景，拍攝中世紀時代情節的電視劇和電影。

　　在城內眾多歷史古蹟當中，外型最搶眼、最宏偉的一定是在文藝復興時期興建的大堡壘。堡壘現在已被改建為一個高度設防的監獄，所有囚犯都是被判囚禁七年或以上的重犯，所以只能留在堡壘外圍參觀。不過，要進入堡壘並非全無可能，因為監獄內有個不定期營業的餐廳，每年有數天會接受晚餐預約，並會由參加了更新計畫的囚犯當廚師、廚房助手和服務生為顧客服務。安全嗎？餐廳內的餐具、餐桌等全為塑膠製品，顧客事先也都經過背景審查和多重安檢才可入內用餐，廚房和餐桌旁都會有懲教人員在場監督，至今不曾發生過安全問題，亦很受民眾歡迎。至於餐廳會否接受外國人的預約，這個我尚未確認，至少餐廳沒有說只接受義大利民眾預約，有興趣的朋友可以一試啊。

　　時間過得真快，留在農莊的數星期吃飽喝夠睡好，偶爾會隨Catherine出席不同的朋友聚會或音樂會，日子充實得很，也讓我有幸體驗了一般世人所嚮往的義、法式生活，大開眼界！

Chapter 10
義大利（下）
美食天堂波隆那

波隆那的地標：雙塔。

離開了橄欖農莊後就往義大利的北面走，到達了波隆那（Bologna）。到達前，印象中的波隆那就只有大學和肉醬義大利麵，結果卻發生了意想不到之事……

波隆那在亞洲旅遊界不大有名，可能是旁邊的佛羅倫斯和比薩斜塔的光環實在太耀眼了，待在波隆那的幾天幾乎沒有碰上過華人。那甚麼吸引我過來呢？我想，大概是我很喜歡有騎樓的建築物，而波隆那又有很多建築物都建有騎樓，所以就想過來看看。另外一個原因是波隆那附近有很多適合一日遊的義大利城市，例如摩德納（Modena）、巴馬（Parma）等，因此就選擇了波隆那作為大本營。

▌橙紅色建築物是波隆那的標誌之一。

① ② ③

拱廊之城

　　波隆那在二次世界大戰時受到嚴重的摧殘，但在良好的保養和維護下，市內有一大片的古城範圍被成功保留下來，更是歐洲第二大面積的古城。走在古城的街道上必定會看到波隆那的地標——雙塔（Le Due Torri）。傳聞在中世紀時，這座古城有多達八十座高塔，不過今天只剩下不夠二十座。為甚麼當時的人喜歡建造高塔呢？據說是因為當時的貴族以興建高塔來展示其家族勢力，也有說高塔是一種安全度極高的住所。隨著物轉星移，很多高塔都相繼倒下，又或被改為監獄、商店或住宅，當中保存得較好的兩座就成為了現在的地標。這一高一矮的塔雙塔背後有著一個警醒世人的故事：當時有兩個家族為了爭奪波隆那的控制權，他們就比賽修建高塔以決一勝負，其中急於求成的家族沒有造好塔基修建，只顧不停往上搭建，最後塔樓傾斜，高空部分又倒塌下來，成為了現時雙塔之中較矮的斜塔；而另一家族修建的高塔根基則甚為堅固，至今依然屹立不倒，遊客更可登上其九十七米的塔頂以飽覽古城的風光。

① 以前的法例規定拱廊要有七呎高，以便騎馬的市民亦可以穿梭在拱廊通道間。
② 全世界最長的拱廊就是這條通往山頂羅馬天主教聖殿的朝聖之路，全長3.8公里。
③ 波隆那是個拱廊之城，城內拱廊的總長度達三十八公里。

　　亞洲一些地方，如香港、台灣、廣州等在十九至二十世紀時湧現了一批騎樓式建築，可惜後來因法律及安全等各種問題而漸漸被拆卸，但在波隆那則到處可見到騎樓，城內以騎樓式建築物排列而成的拱廊總長度竟有三十八公里！為甚麼世界各地的城市的騎樓越來越少，而波隆那這裡卻特別多呢？當年義大利各大城市的人口急速增長，住房供應變得緊張，因此有些人開始公地私有，在人行道上搭起柱墩，並在其上加建騎樓以增加樓宇面積。後來社會漸趨穩定，各大城市政府紛紛安排拆卸騎樓式建築，但波隆那政府卻認為拱廊可為市民遮雨避陽，方便在城市活動，因此沒有下令拆卸騎樓，甚至額外訂立法規要求擁有人須妥善維護騎樓及拱廊；另外，法例規定新建築物須附有拱廊，而拱廊要達到七呎高度，以便騎馬的市民可以輕鬆穿梭在拱廊通道間。於是，當時獨具慧眼的政府因沒有隨波逐流，最後成就了今天波隆那別具特色的市景。

世界上最古老而又一直辦學至今的大學就是波隆那大學。大學於西元1088年成立，在中世紀時曾時歐洲的學術中心，現時即是義大利的最高學府。大學由當時到現在一直吸引著無數的學者和年輕人前來訪問及就讀，因此市中心像是個大學城，來來往往都是青春無敵的大學生。大學有不少博物館免費對外開放，遺憾的是大都只有義大利文解說，因此只能意會而不能言傳。大學中最知名的景點相信就是世界上最早的階梯教室——醫務解剖示範室（Anatomical Theatre）。坐在層層的板凳上，看著中央曾用作解剖屍體的大理石台，回想起從前讀書時上人體解剖學課堂之情景，不免感慨我們當今的先進醫學仍有賴無數的「無言老師」做出貢獻，成就醫學史上一個個的里程碑。

▌醫務解剖示範室教學台上的人體肌肉木雕。

義大利美食天堂

波隆那是義大利人心目中的美食天堂，連附近盛產芝士和火腿的巴馬也被比下去，因為這裡是不少著名料

款式多樣化的義大利雲吞源自波隆那。

理的原創地，例如肉醬義大利麵、千層麵和義大利雲
吞。從橄欖農場女主人口中得知波隆那有湯雲吞時我
真的非常期待，因為很掛念香港的鮮蝦雲吞麵啊！義
大利雲吞的義文利文是Tortellini，源於蛋糕的義大利
文Torta，皆因做雲吞皮與做蛋糕一樣，材料就只有
蛋和麵粉，而做我們常會吃到的義大利麵時則會加入
水分，兩者的口感並不一樣。原來義大利雲吞非常小
巧可愛，有點像顆突出的肚臍；其餡料多為肉類、芝
士或蔬菜，吃法跟「上湯淨雲吞」很相似，通常廚師
會用清雞湯或牛湯把雲吞煮熟，然後連湯一起進食。
縱使義大利雲吞的餡料不多，不過鮮製的雲吞皮有嚼
勁又充滿蛋香，與熱騰騰的清湯一起放進口裡，味道
真的不錯啊，至少能一解鄉愁。

　　另一個義大利經典菜式「番茄肉醬義大利麵」原來有兩大傳統做法，分別是波隆那肉醬（Ragu alla Bolognese）和那不勒斯肉醬（Ragu alla Napolitana），兩者在成分及煮法上都有些分別，當中以前者較有代表性。在波隆那，番茄肉醬只會配上闊麵條，因為人們認為肉醬容易黏附在寬闊的麵條上；材料方面，則以牛肉為主，伴以少許肥豬肉，番茄的份量不多，所以整個醬汁比較乾身，跟我們平常吃到的肉醬義大利麵有頗大差異。

「有事發生，請速回旅舍。」

　　這是波隆那的最後一晚了，就以美酒佳餚為義大利之旅畫上句號吧！在夜色漸漸低沉之時，走進了一家裝潢不錯的餐廳點了紅酒、肉醬義大利麵和甜品，剛拿起餐具要開始品嚐這道經典料理時，突然收到旅舍的義大利老闆發出的英語短訊：「有事發生，請速回旅舍。」腦海中出現了很多問號——是詐騙嗎？或許只是緊急調床位？抑或是發生了竊案？立刻確定一下隨身物品，好的，貴重行李都齊全，應該沒有甚麼事吧？不過，老闆特意發短訊過來，肯定事情不簡單啊，還是頭一回遇到這種情況。 反正菜已經上了，且餐廳又離旅舍不遠，那就請服務生幫忙把甜品取消，快快吃完後就回去旅舍了。

收到旅舍老闆短訊前的一刻。

　　一踏進旅舍就看見老闆在等待著我回來，他一臉認真地跟我說：「很抱歉，今天晚上你不能住在這裡了，其他旅客都已經離開了，我需要關閉旅舍。」甚麼？我現在要走？為甚麼趕我走？這幾天有大型活動舉行，市內的旅舍幾乎都客滿了，所以我才會住進這間旅舍啊！突然要我走，我能走去哪裡？不過，以上僅是我的內心獨白，當時我只是反射性說了一句：「甚麼？」然後老闆就解釋道：「今天早上我正要打掃房間，當時退房時間已過，但二樓雙人房的情侶還沒有出來，於是我就上去拍門想提醒他們。男生把門打開了一條小縫隙，問我可否多給他一小時。我在門縫之間看到女生睡在床上，她的樣子看來不大對勁。

我思前想後，擔心女生是否發生了甚麼事。最後打了電話報警，原來那個女生吸食了過量可卡因，已經死掉了……於是整個下午這裡都擠滿了警察和救護員。她的男朋友昨晚也有一起吸毒，他說以為女生只是睡著了還沒醒來而已。警察說我這單位內住了那麼多人，有機會違法，而且有人在這裡因吸毒過量而死亡，我很可能會被檢控的。警察才剛離去，明天還會再來調查的，所以我已經安排所有住客離開了，現在就只剩下你和另一對情侶未有安排。」我沒有懷疑老闆的說話，因為他看來既疲憊又擔憂。人在異鄉突然發生這樣的情況，我也沒能立刻冷靜地分析一切，不知道給他甚麼回應好，於是他繼續說：「我知道現在已經有點晚，但你今晚一定要搬走，我想你大概也不願意今晚自己一個睡在這裡吧？這裡是退給你的住宿費，不過網上仲介佣金部分就不能退了。我知道這幾天市內住宿很緊張，今晚只能替你找到這家旅舍，走路過去大概二十多分鐘，你還是趁現在未夜深盡早出發吧。」看一看新旅舍的費用，是平常價錢的三倍，不過算了吧，我只想今天晚上有個安全的地方過夜。整理好行李之後，稍稍安慰老闆就出發前往新旅舍了。心情一直很亂，一直覺得死去的女孩應該就是昨晨在茶水間閒聊了幾句的那個女孩，另一方面又要提醒自己保持冷靜，留意周邊環境。

　　一番波折後終於可以躺在床上休息。原來睡在我旁邊的澳洲女士今天下午本要入住我剛離開的旅舍，不過她抵達時警察不讓她進入，結果她在外面等候了二個小時老闆才出來讓她自己另找旅舍，沒有透露原因，亦拒絕退還住宿費。可憐的她才剛經歷完火車大罷工，排除萬難從米蘭抵達波隆那，結束又遇上了另一個難關。幸好，大家最後都成功找到了落腳點，甚至在同一個房間遇上。

　　以前工作上時不時都會面對死亡，不知怎麼搞的今次心頭特別亂?!可能是因為事情發生在陌生的國度，也可能因為自己是故事中的一員吧。看到晚上波隆那的酒吧、夜店裡總是擠滿年輕人，不禁嘆息在歐洲實在太容易接觸到毒品了，年輕人濫用藥物問題日趨嚴重，只要價值觀稍有差池或意志不夠堅定就很容易受朋輩影響而誤入迷途，這問題真不易解決。除了濫用藥物，有人會酗酒，有人沉迷賭博，有人過分依賴家人或朋友，有人沉迷名牌包。人們對任何事物成癮，某種程度而言，其實是反映了內心找不到合適的寄託。我們不妨好好審視一下自己的生活，看看成癮背後的原因，或許能會為自己找到點啟示。

後記

　　很多朋友知道我回來後都會問：「怎樣啊？找了工作沒有？」還沒有啊……去完工作假期回來後的人總會説很難適應香港的生活，我也不例外。人的確是回來了，但心仍在路途上。理智叫我要盡快回到醫護的工作崗位，但情感上明白自己需要時間尋找方向和習慣香港的生活模式。

　　總要找點事情做啊，於是我選擇了學習。由於希望多了解人與大自然之間的聯繫，我報讀了園藝治療和中醫藥的課程，閒時會寫些旅遊文章，分享自己的經驗，同時亦沒有放棄繼續旅遊。後來文章越寫越多，慢慢就遇上各種機會，開始寫一些旅遊文案、為報章寫旅遊文章，然後幸運地獲得賞識有機會出版書籍。

　　回想過去幾年的經歷，轉轉折折，沒想到會變成一個自由工作者，更沒想到旅途上萍水相逢的朋友會變成我筆下的人物。可能冥冥之中自有安排吧，不知道十年以後我又會過著甚麼樣的生活呢！我沒有能力掌控未來，但可以認真對待每一天，期待生命將會給予我的回應和挑戰。

釀旅人41　PE0164

 當我選擇了旅居歐洲

作　　者	李懿祺
責任編輯	鄭伊庭
圖文排版	莊皓云
封面設計	王嵩賀

出版策劃	釀出版
策劃公司	傑拉德有限公司／幸手有限公司
製作發行	秀威資訊科技股份有限公司
	114 台北市內湖區瑞光路76巷65號1樓
	電話：+886-2-2796-3638　傳真：+886-2-2796-1377
	服務信箱：service@showwe.com.tw
	http://www.showwe.com.tw
郵政劃撥	19563868　戶名：秀威資訊科技股份有限公司
展售門市	國家書店【松江門市】
	104 台北市中山區松江路209號1樓
	電話：+886-2-2518-0207　傳真：+886-2-2518-0778
網路訂購	秀威網路書店：https://store.showwe.tw
	國家網路書店：https://www.govbooks.com.tw
法律顧問	毛國樑　律師
總 經 銷	聯合發行股份有限公司
	231新北市新店區寶橋路235巷6弄6號4F
	電話：+886-2-2917-8022　傳真：+886-2-2915-6275

出版日期	2019年1月　BOD一版
定　　價	360元

國家圖書館出版品預行編目

當我選擇了旅居歐洲 / 李懿祺著. -- 一版. -- 臺北市：釀
出版, 2019.01
　　面；　公分. -- (釀旅人；41)
　BOD版
　ISBN 978-986-445-312-2(平裝)

　1. 旅遊文學　2. 歐洲

740.9　　　　　　　　　　　　　　　107023020

讀者回函卡

感謝您購買本書，為提升服務品質，請填妥以下資料，將讀者回函卡直接寄回或傳真本公司，收到您的寶貴意見後，我們會收藏記錄及檢討，謝謝！如您需要了解本公司最新出版書目、購書優惠或企劃活動，歡迎您上網查詢或下載相關資料：http:// www.showwe.com.tw

您購買的書名：＿＿＿＿＿＿＿＿＿＿＿＿＿＿＿＿＿＿＿＿＿＿＿＿

出生日期：＿＿＿＿＿年＿＿＿＿＿月＿＿＿＿日

學歷：□高中 (含) 以下　　□大專　　□研究所 (含) 以上

職業：□製造業　□金融業　□資訊業　□軍警　□傳播業　□自由業
　　　□服務業　□公務員　□教職　　□學生　□家管　□其它＿＿＿

購書地點：□網路書店　□實體書店　□書展　□郵購　□贈閱　□其他

您從何得知本書的消息？

　□網路書店　□實體書店　□網路搜尋　□電子報　□書訊　□雜誌
　□傳播媒體　□親友推薦　□網站推薦　□部落格　□其他＿＿＿＿＿

您對本書的評價：（請填代號　1.非常滿意　2.滿意　3.尚可　4.再改進）

　封面設計＿＿＿　版面編排＿＿＿　內容＿＿＿　文／譯筆＿＿＿　價格＿＿＿

讀完書後您覺得：

　□很有收穫　□有收穫　□收穫不多　□沒收穫

對我們的建議：＿＿＿＿＿＿＿＿＿＿＿＿＿＿＿＿＿＿＿＿＿＿＿

＿＿＿＿＿＿＿＿＿＿＿＿＿＿＿＿＿＿＿＿＿＿＿＿＿＿＿＿＿＿＿

＿＿＿＿＿＿＿＿＿＿＿＿＿＿＿＿＿＿＿＿＿＿＿＿＿＿＿＿＿＿＿

11466
台北市內湖區瑞光路 76 巷 65 號 1 樓

秀威資訊科技股份有限公司 　　收

BOD 數位出版事業部

··

（請沿線對折寄回，謝謝！）

姓　　名：＿＿＿＿＿＿＿＿＿　年齡：＿＿＿＿　性別：□女　□男

郵遞區號：□□□□□

地　　址：＿＿＿＿＿＿＿＿＿＿＿＿＿＿＿＿＿＿＿＿＿

聯絡電話：(日) ＿＿＿＿＿＿＿＿＿　(夜) ＿＿＿＿＿＿＿＿＿

E-mail：＿＿＿＿＿＿＿＿＿＿＿＿＿＿＿＿＿＿＿＿＿